HOMOSSEXUALIDADE, DEVOÇÃO E AS BÊNÇÃOS DA ÉTICA DE CRISTO

Editora Appris Ltda.
1.ª Edição - Copyright© 2024 do autor
Direitos de Edição Reservados à Editora Appris Ltda.

Nenhuma parte desta obra poderá ser utilizada indevidamente, sem estar de acordo com a Lei n°
9.610/98. Se incorreções forem encontradas, serão de exclusiva responsabilidade de seus organizadores. Foi realizado o Depósito Legal na Fundação Biblioteca Nacional, de acordo com as Leis n°s
10.994, de 14/12/2004, e 12.192, de 14/01/2010.

Catalogação na Fonte
Elaborado por: Dayanne Leal Souza
Bibliotecária CRB 9/2162

S237h
2024
	Santo-Santo, Carlo
	    Homossexualidade, devoção e as bençãos da ética de Cristo / Carlo Santo-Santo. – 1. ed. – Curitiba: Appris, 2024.
	    159 p. : il. ; 21 cm.
	
	    Inclui referências.
	    Inclui índice remissivo.
	    ISBN 978-65-250-6472-7
	
	    1. Homossexualidade. 2. Preconceitos. 3. Devoção. 4. Ética cristã.
	I. Santo-Santo, Carlo. II. Título.
	
	    CDD – 306.76

Editora e Livraria Appris Ltda.
Av. Manoel Ribas, 2265 – Mercês
Curitiba/PR – CEP: 80810-002
Tel. (41) 3156-4731
www.editoraappris.com.br

Printed in Brazil
Impresso no Brasil

CARLO SANTO-SANTO

HOMOSSEXUALIDADE, DEVOÇÃO E AS BÊNÇÃOS DA ÉTICA DE CRISTO

CURITIBA, PR
2024

FICHA TÉCNICA

EDITORIAL	Augusto Coelho
	Sara C. de Andrade Coelho
COMITÊ EDITORIAL	Marli Caetano
	Andréa Barbosa Gouveia (UFPR)
	Edmeire C. Pereira (UFPR)
	Iraneide da Silva (UFC)
	Jacques de Lima Ferreira (UP)
SUPERVISOR DA PRODUÇÃO	Renata C. Lopes
PRODUÇÃO EDITORIAL	Emily Pinheiro
REVISÃO	Andrea Bassoto Gatto
DIAGRAMAÇÃO	Amélia Lopes
CAPA	João Vitor
REVISÃO DE PROVA	Alice Ramos

IMPORTANTE

As razões que aqui apresento sobre a devoção do homossexual cristão são uma apologia, porém sem a intenção de proselitismo religioso. Nesse propósito, as diversificações inerentes a essa condição sexual são resumidas apenas ao termo *homossexualidade*. Para isso enfoquei algumas opiniões relacionadas à prestação do culto monoteísta cristão por alguns filósofos, entre eles Immanuel Kant e Baruch Spinoza, além de uma contribuição significante e pessoal sobre religião e ciência do eminente físico alemão Albert Einstein.

Sinto grande afeição e admiração pela figura histórica de Cristo e acredito sinceramente que se a ética cristã fosse realmente posta em prática, as criaturas humanas poderiam resolver seus problemas de convivência num mundo que cada dia se complica mais e mais, pois leva à solidão e à agressividade.

(Erico Veríssimo)

APRESENTAÇÃO   MOTIVOS DA CAPA

A imagem da capa, amadoramente fotografada por mim, consta parte da orla artificial do Mediterrâneo iluminada pelo sol de Tel-Aviv. Algumas rochas ornamentais foram trazidas de outras partes de Israel, sendo várias delas compostas de milhares de conchas de crustáceos fossilizadas. Ao fundo vê-se a antiga cidade bíblica de Jope – atual Jaffa –, com destaque para o minarete da Mesquita em sua parte mais alta. A cidade de Jope foi o principal porto de Israel nos tempos antigos. Nele, os cedros vindos do Líbano arrumados em forma de jangadas eram desatrelados e levados para Jerusalém durante a construção do grande templo liderada pelo rei Salomão. Foi também em Jope que o profeta trapalhão Jonas embarcou para Tarsis quando deveria ir para Nínive.

Nos tempos de Cristo ainda era o porto principal de Israel. Quando o discípulo Pedro esteve nessa cidade hospedou-se por vários dias na residência de Simão, curtidor de couros. Nessa época ficou bastante conhecido por ter ressuscitado uma costureira muito querida na cidade, de nome Tabita, o mesmo que Dorcas em grego.

Atualmente, o antigo porto ainda existe em forma de marina, repleto de barcos esportivos à vela, barcos modernos, e de quando em quando é verificado alguns com aspectos muito antigos, semelhantes a réplicas de embarcações dos tempos passados.

Jaffa (Jope) é a cidade da diversidade. Judeus, cristãos e muçulmanos compartilham o mesmo espaço em seus locais de adoração. Há, ainda, espaços para exposições de artes e proveito dos atributos dos sentimentos, sem discriminação.

SUMÁRIO

INTRODUÇÃO... 13

**1
DEUS E OS HOMOSSEXUAIS CRISTÃOS**... 17

**2
A BÍBLIA E OS HOMOSSEXUAIS**.. 43

**3
O APÓSTOLO PAULO E OS HOMOSSEXUAIS CRISTÃOS**.................. 73

**4
HOMOSSEXUALIDADE CONGÊNITA E CIRCUNSTANCIAL**............. 85

**5
O HOMOSSEXUAL CRISTÃO DIANTE DA VONTADE DE DEUS**........ 93

**6
FÉ E CONVICÇÃO CRISTÃS NA VIDA DO HOMOSSEXUAL**............. 101

**7
A PROFISSÃO DE FÉ DO HOMOSSEXUAL
NAS COMUNIDADES RELIGIOSAS**...109

**8
O FUTURO DO HOMOSSEXUAL CRISTÃO PRATICANTE**................129

**9
UNIÕES HOMOAFETIVAS ENTRE CRISTÃOS**...................................137

REFERÊNCIAS..143

ÍNDICE REMISSIVO...149

INTRODUÇÃO

A defesa de uma causa própria é natural ao ser humano, principalmente quando aquele que a defende o faz por questões relacionadas a raça, cor da pele ou sexo. Muitos danos morais ou materiais são o resultado de intolerância por questões culturais, ideológicas ou convenções religiosas reinantes, e por isso defender uma causa justa, própria, é defender a vida.

Porém há causas rigorosamente defendidas que não estão relacionadas com quem as defendem. Muitas pessoas brancas defendem a causa dos negros. Há homens entre as feministas em defesa da causa da mulher e um grande número de heterossexuais lutando pelos direitos dos homossexuais.

Esse comportamento essencialmente humano faz parte da ética de Cristo. Ao defender a causa do outro, principalmente diante de injustiças, não é preciso pertencer ao mesmo grupo perseguido ou injuriado e isso é bastante favorável, pois quem está de fora, observando de ângulos diferentes, tem melhores condições para agir.

Percebe-se que a teologia de Cristo nos primeiros séculos é imparcial a várias causas que os judeus abominavam. Cristo foi o maior exemplo de tolerância à diversidade, mas é inegável que no decorrer dos séculos e em vários aspectos, o cristianismo tem-se distanciado muito do modelo idealizado por seu fundador.

Muitos pecados criados após a morte do Mestre são em grande parte empecilhos para a maioria dos que veem Nele o próprio Deus a ser seguido. São inúmeras as normas religiosas inseridas no cristianismo ao longo desses dois milênios sob alegação de enunciados dogmáticos, que seguramente seriam reprovadas por Ele em Seu tempo, pois não condizem com os parâmetros de Sua ética. Ele sabia que mediante a dinâmica do universo e seus efeitos diretos no ser humano, ajustes do processo de continuidade da criação são necessários aos povos no decorrer dos tempos, em que costumes estão sempre mudando de acordo com o avanço da ciência, da cultura e dos direitos sociais adquiridos.

Em Seus ensinamentos, a base para o prosseguimento do cristianismo já tinha tais previsões a fim de evitar conflitos nos avanços ou evolução do comportamento humano. Suas regras comportamentais são atuais e reconhecidas até mesmo por muitos que admitem Nele apenas um Cristo humano e não Divino. Um exemplo claro dos cuidados de Cristo para com o futuro da religião foi demonstrado na ausência de proibições em Suas mensagens. Ele jamais proibiu a vida social em que as festas são regadas com muita alegria. Ele mesmo participou de casamentos, almoços e jantares com amigos ricos, amigos pobres e, particularmente, participou de peixadas preparadas à beira da praia com seus discípulos. Jesus Cristo, ao exaltar o vinho em seu primeiro milagre para não deixá-lo faltar numa festa de casamento, mostrou que beber não é pecado, porém, durante o seu ministério, mostrou também que não somente beber em excesso, assim como o comer, trazem graves males para a saúde do corpo e da religiosidade. Ele mostrou que a participação social exagerada, com gastos exorbitantes e noitadas em viciadas festas, é um desastre para muitos. Da mesma maneira é com a vida sentimental. A Ética de Cristo está calcada em não condenar, mas abrir o entendimento do cristão para o comportamento racional quando resumiu todos os "nãos" necessários no tempo de Moisés em apenas "amar a Deus e ao próximo".

Cristo ainda assegurou condições em que o ajustamento para o bem da vida mediante o avanço das descobertas científicas na realização da procriação assistida em laboratórios e transplantes de órgãos seja lícito de acordo com as necessidades do cotidiano. Pesquisas in vitro direcionadas à correção de disfunções de órgãos reprodutores ou da fertilidade têm realizadas promissões milagrosas, dando alegria a muita gente que deseja filhos do próprio DNA até mesmo sem a participação do ato sexual.

A Ética de Cristo não permite atrito religioso com o presente dessas descobertas científicas e direitos sociais, uma vez que tudo isso é para o bem da humanidade. Cristo não tocou nesses assuntos diretamente nem poderia, pois seriam questões dois mil anos à frente daquela época. O acolhimento aos avanços científicos para o bem-estar da sociedade está dentro do "amar a Deus sobre todas as coisas e ao próximo como a ti mesmo", assegurando com isso todos os impulsos evolucionais da Cristandade.

Ao revelar tanta importância à prática do "amar ao próximo" Cristo colocou o mandamento do "amar a Deus" de igual teor (Mateus 22:36-39; Almeida, 1982, p. 30). São palavras de muita importância para os homossexuais,[1] constantemente entre os assuntos mais questionáveis junto aos religiosos.

---

[1] A palavra homossexual foi cunhada somente a partir do final do século XIX (Vidal, 1998). Obviamente, se Cristo, em alguns de seus ensinamentos, fez referência à homossexualidade, usou termos similares. A palavra eunuco é um termo muito próximo à homossexualidade. A maneira como Cristo proferiu suas recomendações de consolo aos eunucos emasculados deixou a entender que em sua época havia preconceitos com essa classe semelhantes aos direcionados aos homossexuais atuais. Quando disse "Nem todos estão aptos para receber este

Os conceitos para entendimento da homossexualidade são os mesmos da heterossexualidade. São manifestações de afeto em atendimento a uma necessidade congênita ou circunstancial mantida de acordo com as leis da constituição da vida humana – as leis da natureza desde os primeiros indícios da consciência. Dentro do contexto religioso cristão, pesquisar a homossexualidade em busca de sua causa para uma possível correção não faz nenhum sentido, pois não é tendência degenerativa, doença, desvio algum de conduta moral e muito menos desvio sexual. Homossexualidade e heterossexualidade estão no mesmo patamar quanto ao papel de equilíbrio da vida social.

Muitos diriam: no Velho Testamento só há aprovação de sexo com homem e mulher, porém, diante desse pragmatismo, asseguro que também há uma ordem que "a mulher com dores parirá filhos" (Gênesis 3:16 – Versão Almeida, 1982, p. 5) e atualmente já não é tanto assim, pois a Bíblia não fala em realização de parto mediante cirurgia. Está escrito também que "com o suor do rosto o homem comerá o pão" (Gênesis 3:19 - Versão Almeida, 1982, p. 5). Nesse caso, o homem mencionado, sendo o ser masculino e não a humanidade, hoje a mulher já está no limiar de ultrapassagem desse dever masculino proclamado no Pentateuco. Milhões de mulheres, que produzem com o suor do rosto o sustento da família, inclusive de muitos esposos, estariam condenadas pela Bíblia.

A ordem de Deus no Éden foi apenas o início implantado para o desenvolvimento da vida, ficando a humanidade coadjutora (iniciada no Fiat Lux) em seu processo evolutivo contínuo. A diferença é que o comportamento do heterossexual, além da satisfação a uma necessidade física, pode estar relacionado também a princípio excluído à procriação. O homossexual não tem as mesmas condições para a formação tradicional de uma família, conteúdo pontual dos críticos, porém pode constituir famílias tão importantes quanto às famílias heterossexuais, inclusive com a criação de filhos, adotivos ou não.

Há várias tentativas em busca de explicações das causas da homossexualidade – que não pretendo discutir aqui –, mas o que se sabe é que todas são inconclusivas ou sem resultados satisfatórios. Nesse aspecto, o estudo da homossexualidade é o mesmo que exigir da ciência uma averiguação das causas da existência do macho ou da fêmea em atenção a caprichos de uma moralidade. Entretanto é notório, como vimos anteriormente, o quanto a

---

conceito, mas apenas aquém é dado", revelou ter conhecimento de intolerância, ainda mais ao dirigir-se aos congênitos quando destacou os eunucos de nascença, no primeiro plano de sua mensagem (Mateus 19:11 e 12; Versão Almeida, 1982, p. 15).

biologia, a psicanálise e demais ciências são necessárias em benefícios da causa sexual.

De maneira inconveniente, a Bíblia tem sido usada com pretensões para atender interesses sem cunho espiritual contra os homossexuais. Diante dessas questões, usaremos a própria Bíblia junto aos homossexuais que desejam assegurar seus direitos de adoração com os mesmos direitos dos demais adoradores heterossexuais. Para os cristãos não há meios seguros para resolução dessas questões além da Bíblia. É uma perspectiva cristã aos homossexuais convictos e portadores de sentimento devocional, porém devido a incompreensões de alguns religiosos, muitos estão distantes dos atributos da fé, persuadidos por conceitos opostos aos preceitos sagrados.

Há quem diga que os homossexuais são minoria, outros dizem serem excluídos da sociedade, mas as pesquisas apontam que os homossexuais já estão bem distantes de pertencer a uma minoria. Quanto à exclusão, somente são se aceitarem essa imposição, se concordarem com a exclusão.

O Poder Supremo, que alguns identificam como uma força invisível – um "processo gerador do universo" ou como "a própria natureza" –, muitos conhecedores da Bíblia resumem tudo isso na palavra DEUS, o Criador. É grande o número de homossexuais que, diante da Bíblia, demonstram no íntimo a certeza da existência do Criador com fé e convicção por meio das manifestações devocionais. Eles procuram romper as barreiras religiosas convencionadas fora dos preceitos bíblicos entre o ser homossexual e o Ser Supremo e sabem que a prática devocional – sintonia entre o ser humano e o Ser Supremo – minimiza os anseios e consolida os sentimentos sem receio diante do Criador, sem empecilhos durante a adoração. Pecadores, porém, sem sentimento de culpas. Pecadores, entretanto, como todos os demais cristãos pecadores e carentes da interação divina em seus momentos seculares e devocionais.

O ato de assumir o desejo de adorar revela uma manifestação de contentamento improcedente, sem ser preciso a busca do impossível a fim de deixar de ser homossexual para fazê-lo. Porém essa convicção somente é possível após a consolidação da verdade por intermédio da Bíblia. A fé – garantia de amparo e defesa pelo Supremo manifestada via culto devocional – é o maior requisito que o homossexual cristão praticante pode assegurar em direção à paz consigo mesmo.

Carlo Santo-Santo

1
DEUS E OS HOMOSSEXUAIS CRISTÃOS

Segundo o filósofo Immanuel Kant: "Só se conhece um objeto provando sua possibilidade – seja pelo testemunho a partir da sua realidade, seja *a priori* pela razão" (Kant, 2001, p. 34, grifo de Kant). Aqui Kant dá início a sua temática tendo como principal proposta, questionamentos quanto à existência de Deus já que, de acordo com os parâmetros da razão – segundo Kant –, não há meios convincentes para a definição de Sua existência, ficando, dessa forma, a fé estabelecida apenas em especulações.

Vimos nessa proposta uma reação contundente do filósofo alemão diante de uma empreitada impossível de realização quanto à conceituação da pessoa de Deus de acordo com seus interesses particulares, por isso a negação. No entanto essa impossibilidade é vista pelos que creem não como uma incapacidade intelectual, mas como uma qualidade comum do ser finito diante do Eterno, inalcançável e indefinível – portanto, não havendo alternativas para finalizar tal conceituação, a conclusão positiva é admissível já que, de maneira técnica, estamos imensuravelmente distantes da constituição da eternidade.

Sem os aparatos necessários no presente, não podemos prever que nível de conhecimento o homem terá alcançado no futuro, contudo é possível prever que diante da magnitude do universo – e o homem sendo um produto dessa magnitude – terá que primeiro transpor toda essa estrutura para poder definir a eternidade – Deus, ou seja: somente acima d'Ele.

Alguns conceituadores inconformados com tamanha dificuldade agarram-se naquilo que chamam de especulação ao não admitirem a impossibilidade de se ultrapassar essa barreira. É uma postura improcedente, pois negar aquilo que esteja patente aos olhos de todos, mas pela ausência de ferramentas do contestador para convencionar o desfecho de uma pesquisa desejada a essa realidade, não faz sentido.

Kant escolheu Deus para essa investigação em busca de Sua existência, entretanto, em sua época, houve desafios semelhantes, apesar de envergaduras diferentes, como os incontáveis sois das galáxias não alcançados, a própria essência que constitui a vida dos animais e vegetais.

Entre esses desafios impalpáveis, inalcançáveis, mas perceptíveis e que em sua época já eram aceitos, não haveria justificativa para excetuar o Criador. A nossa Via Láctea, por exemplo, com seu tamanho equivalente a 100 bilhões de sois, seria uma especulação dentro do conceito de Kant, já que a tecnologia da época era insuficiente para elucidação desses desafios. Além disso, a expansão do universo é uma das realidades sem meios para de negação, porém tão difícil de alinhar o raciocínio numa definição, quanto o próprio Deus.

Entendo que o universo expandindo a razão de trezentos mil quilômetros por segundo e a princípio sendo estrutura única, de onde provém o espaço vazio à disposição para avanço dessa expansão? Estaria o universo que conhecemos invadindo outra estrutura desconhecida infinitamente maior, suficiente o bastante para ceder espaço para acomodarmo-nos com nossos bilhões de estrelas, planetas, luas e meteoros? Trezentos mil quilômetros por segundo de matéria avançando em todas as direções precisam de muito espaço disponível – em que dimensão? – para alento desse questionamento.

Houve, no entanto, em 1922, o cientista russo Alexander Friedmann determinando fronteiras no universo e infinidade no espaço (Hawking, 2000), porém, como seria possível? Universo e espaço são a mesma coisa. E se não fossem, a incerteza sobre a infinidade continua. O exercício desse raciocínio na regressão em direção ao surgimento do universo, ou avançando em direção as suas bordas e perdendo-se na eternidade, não impossibilita a existência dessa realidade, pois, apesar de inalcançável, está patente à altura da percepção dos nossos sentidos.

Os profetas já conheciam os problemas de indagações depressivas sobre a origem do Eterno. Falou Isaías: "Ai daquele que contende com o seu Criador! O caco entre outros cacos de barro. Porventura dirá o barro ao que o formou: Que fazes? Ou a tua obra: Não tens mãos?" (Isaías 45:9 Versão Almeida, 1982, p. 687). Entre os "ais" dessa profecia estão as decepções diante de ações indissolúveis a quem propuser semelhante contenda reacionária resultante de frustrações em busca de definições sobre o Eterno.

A profecia supracitada, oposta à estrutura filosófica de Kant, é percebida de forma nevrálgica no conteúdo de sua investigação. Essa não foi somente a dificuldade de Kant relacionada à eternidade quando admitiu a existência de outros universos (Encyclopaedia Britânica, 1990). Esse raciocínio também rondou a literatura dos profetas e salmistas, sendo bem melhor resolvido dividindo a eternidade em céus. Nunca grafavam a palavra céu no singular, numa clara divisão do Cosmo – as atuais galáxias.

Apesar das tentativas direcionadas à definição de Deus, impossíveis do devido desfecho, poucos são os seres humanos que O negam. Para os crentes – cristãos ou não, de diversos credos –, sendo Deus um Ser inatingível, propostas quanto a sua negação pesam muito mais na balança das frustrações dos não crentes, que a profissão de fé firmada na certeza de Sua existência. Aos que por suas razões questionam a fé em Deus, não pode haver em suas justificativas meios para firmarem suas defesas, pois na fé reside o atributo em que se pode dar por seguro um efeito ainda que sua causa não seja identificada de acordo com os meios à disposição do crente. Definições fora desse princípio deixam de ser direcionados à fé.

É possível ter certeza absoluta por meio dos nossos sensores gustativos de que a folha da losna (*Artemísia absinthium*) produz substância amarga sem que primeiro seja preciso isolar o princípio ativo que a faz amarga em laboratório para provar que realmente é amarga. Nesse caso, o amargor da losna é um efeito identificado antes de quaisquer mecanismos de provas oficiais. A certeza da existência dessa causa é indiscutível, não invalidando a capacidade sensorial dos mecanismos humanos, faltando, portanto, somente a complementação da identificação de suas propriedades pela ciência.

Em Deus, da mesma forma, sua existência é percebida de forma autêntica, indiscutível e irrefutável mediante os sensores humanos (com ou sem a necessidade de confirmação científica), sem misticismo ou suposições. O mecanismo para sustentação dos crentes é o próprio universo. Nenhum discurso supera a concepção de que a causa desse efeito seja atribuída a um espírito superior. É a única *consequência* tendo por *causa* um Criador Supremo como principiador acima de todo entendimento humano.

Os fatos existentes levam a evidências seguras direcionadas a esse Ser Superior por trás de tudo o que existe, sem que ninguém tenha alcançado o processo dessa criação, muito menos quando foi efetuada. A negação dessa razão deixa em aberto uma eternidade. Excetuando Deus, a Causa, o Espírito Criador, não há resposta. As questões perdem-se no espaço.

Essa discussão quanto à não existência de Deus em nada abala os devotos, uma vez que os discursos apresentados são exageradamente exíguos, mesmo com argumentações aparentemente científicas. Tais defesas são semelhantes às de qualquer religioso indouto com argumentações ao contrário. Voltando aqui às palavras com relação aos crentes, que por mais que estejam diante de tudo o que tem conseguido pela evolução, a fé não é uma contradição.

O princípio, o Verbo Deus, está na essência do próprio homem. Ao contrário – continua a pergunta –, como poderíamos ter chegado até aqui sem que houvesse causa, ação? A ciência busca as razões em algo que está no âmago da eternidade ou que esteja acima do universo. Os mais crédulos – sem, contudo estarem apáticos diante das questões em buscas de explicações para a eternidade – concordam com Moisés e admitem que o Eterno seja Deus. Deus não é uma atribuição por consequência da incapacidade humana de defini-Lo, mas uma conclusão que, por inúmeras razões, os argumentos apresentados para negá-Lo não convencem. Repito.

Retomando exemplos semelhantes ao da losna, os olhos humanos não percebem o ar, porém todos sabem que existe no balançar das árvores ou no curioso som dos oitões. O roçar das moléculas frias ou quentes são perceptíveis em nosso corpo apesar de não serem vistas. A ciência mostra as combinações dos agentes químicos que formam a água e, da mesma maneira, os seres viventes, mas fica por aí. Falta o princípio de tudo isso. Sem esse princípio há alguma coisa no ar, ficando a "ciência manca", como dizia Einstein (Jammer, 2000, p. 105). O que se percebe nos argumentos de Einstein é que a fé em Deus é também uma consequência da lógica e não da especulação.

Os esforços dos que buscam a definição da origem da vida são infindáveis. Paradoxalmente, Darwin estava sempre se esquivando desse assunto. Defendia a evolução a partir de um determinado estágio da matéria existente e não da sua origem. O comentarista do assunto arremata: "Tão difícil e polêmico como definir a vida é tentar explicar-lhe a origem" (Enciclopédia Britânica, 1990, p. 11.416), porém o cientista Carl Sagan sustenta a origem da vida proveniente dos oceanos (p. 11.416) da mesma forma como relatado na Bíblia.

Enquanto dentro dos limites científicos essa origem é fartamente discutida, Moisés resumia tudo ao Criador. Com base na ciência, é possível a criação de organismos vivos em laboratórios por meio da combinação ou do estímulo catalizador de enzimas. Daí, questionamentos entre muitos populares desconfiados num possível surgimento do vírus da Aids por manipulações científicas e escapulido num acidente de laboratório.

Contudo se as enzimas, antes de quaisquer manipulações, já estão presentes na natureza, a pergunta persiste: onde está o princípio delas? Se Moisés não tivesse difundido a revelação da existência de Deus ao mundo, sem dúvidas a ciência faria isso mais cedo ou mais tarde apresentando uma forma de governo para o universo e que, certamente, se resumiria no mesmo Deus Criador.

Muitos diriam que essas palavras são contestadoras diante das opiniões de Darwin sobre a ciência da evolução biológica, porém veremos que Albert Einstein, em suas convicções, não apresenta alternativas que justifiquem a inexistência de Deus. Além disso, a questão continuaria em pé, pois para que haja evolução é preciso haver um princípio. Quem tem fé – repito – não necessita de provas científicas da existência de Deus. Tudo o que foi descoberto até agora não traz novidades relacionadas à eternidade dentro do princípio revelado por Moisés. Buracos negros, ondas gravitacionais e outras descobertas cosmológicas, todas são consequências da realidade da expansão do universo a partir do Haja Luz (Fiat Lux) relatado na Bíblia.

Criação e evolução são inseparáveis. As duas vêm do mesmo princípio. Outros têm nesse princípio a teoria do Big Bang, porém, por meio de um fanatismo religioso, a palavra criação impôs-se de maneira geral, pelo conceito de manufatura, como a que humanamente conhecemos.

Quando Moisés disse que o homem veio do pó da terra, muitos interpretam essa realidade pela preparação do barro e Deus com as mãos impregnadas de argila, como um escultor. A criação do homem por Deus é intrínseca e está distante do alcance do entendimento atual, porém é com a ciência que a criação será esclarecida.

A ciência já adianta que a matéria do homem é realmente um produto da terra (Laborit, 1988, p. 106). Sendo o homem pertencente ao reino animal saído das águas, Moisés estava certíssimo quando explicou que Deus o fez do pó da terra. A síntese da criação preparada de acordo com o nível intelectual dos hebreus naquela época era imprescindível. Ao contrário, os bezerros de ouro jamais sairiam do meio daquele povo, a retirada do Egito não teria sentido algum e seguramente Moisés seria morto pelos hebreus ainda no sopé do Monte Sinai.

O desenvolvimento do ser humano no Éden deu-se num período de milhares de anos. A partir do momento em que Moisés relatou a consciência de Adão (Gênesis 3:7), o homem passou a existir como um ser que identificamos hoje com corpo, alma e espírito (apesar de alguns teólogos discordarem disso, resumindo espírito e alma em uma só ação). Vale ressaltar aqui que na Bíblia hebraica a palavra Adão não significa somente um ser, mas também humanidade. O filósofo francês Renê Descartes (1968) resumiu esse fato de maneira espetacular com a célebre frase: "Penso, logo existo".

O sopro divino foi o início do homem como animal pensante. Quanto à evolução, como seguimento do propósito divino, depois de Darwin passou a ser antagônica à criação e, consequentemente, à fé em Deus. O *homo sapiens* é o homem consciente. A negação à evolução, invariavelmente teria também de aceitar o homem atual com todos os costumes e o aspecto do Adão em forma de Neandertal[2] ainda sem consciência no momento em que Deus apresentou-o ao mundo, nu, alimentando-se do que a terra oferecia, sem preparo algum, selvagem como os animais do campo. A própria Bíblia oferece-nos condições para entendimento da criação divina em processo contínuo em direção à maturação dos minerais, vegetais e animais.

Já faz algum tempo que a ciência, em conformidade às palavras da Bíblia, vem apresentando respostas acerca do quebra-cabeças do universo. Contudo foi com Galileu Galilei, a partir de 1610, em suas declarações a respeito da Terra no espaço, que Moisés passou a ser admirado como profeta de Deus, não pelo que muitos chamam de autor de fábulas bíblicas, mas por suas precisas informações. O que Moisés escreveu adiantou assombrosa ciência mediante inteira sintonia com o Espírito Criador. Essa sintonia, os teólogos chamam de revelação divina e não tem outra definição, pois quem mais além daqueles escravos judeus poderia aconselhar Moisés na solidão do deserto? Nas bibliotecas dos palácios do Egito – onde Moisés foi criado – os principais segredos dos hieróglifos aclarados por Jean François Champollion só se relacionavam com a segurança dos faraós, principalmente depois de mumificados.

Einstein fala do Espírito Criador referido por Moisés e completa que nenhuma ciência pode negá-Lo. Seguramente, o grande cientista – que apesar de judeu não frequentava a sinagoga (Jammer, 2000, p. 25) – estava muito bem alicerçado na lógica do seu raciocínio; ao contrário, a comunidade científica não daria crédito às suas descobertas a respeito da relatividade, estando durante um século sua opinião sobre as ondas gravitacionais sujeita a uma fraude ou a uma teoria sem sustentação. A comunidade científica

---

[2] Doutor em divindade, o calvinista americano David S. Clark, em seu *Compêndio de teologia sistemática*, não expõe com clareza os detalhes do desenvolvimento humano a partir da criação de Deus, porém em suas defesas teológicas admite: "Há certas outras formas de crânios Neandertais, todos os quais podem ter sido de homens comparativamente recentes" (Clark, entre 1970 e 1989, p. 171). Nessas palavras, em que Clark afirma serem os crânios de Neandertais possivelmente de homens recentes – e crânios de homens recentes não são de Neandertais –, admitiu que Adão foi um ser humano vivido no mínimo 50 mil anos antes de Moisés. Essa realidade é incontestável não somente pelas descobertas paleontológicas, mas pelas informações contidas na própria Bíblia. Adão, o primeiro homem mencionado, tinha características semelhantes às do Neandertal. Se Clark não estiver negando a paleontologia, está abrindo um precedente para a admissão de Adão ser a primeira representação do *homo sapiens*.

admitiria uma possível incapacidade racional ao atrelar a ciência às suas convicções religiosas e, a partir disso, estando diante de um raciocínio inconsistente, direcionando todos os seus argumentos científicos.

No livro de Jó está escrito que "Ele (Deus) estende o norte sobre o vazio e faz pairar a terra sobre o nada" (Capítulo 26:7; Versão Almeida, 1982, p. 531). Nessa frase, o Eterno, o Criador, está perfeitamente de acordo com as descobertas de Copérnico e Galileu quando disseram que a Terra move-se no espaço.[3] A surpresa a esse respeito foi tão grande que tanto os dogmáticos da Igreja como os teóricos acadêmicos tentaram abafar a ciência dessa comprovação, relativa aos avanços de Copérnico. Nem mesmo o grande reformador Martinho Lutero ficou de fora ao chamar Copérnico de louco alegando que suas ideias negavam a Bíblia.

A reação da sociedade diante das descobertas dos dois cientistas provou que, na época, o nível racional da Europa renascentista ainda não estava preparado para receber tão importante revelação. Mais tarde Galileu foi acusado de herege e quase acabou numa fogueira, no entanto, como vimos anteriormente, essa ciência já estava postada na Bíblia há mais de 3.000 anos, antes das descobertas de Copérnico e Galileu.

Sobre a questão de como Moisés chegou a essa e várias outras conclusões científicas que somente nos últimos tempos foram confirmadas, para os cristãos convictos o próprio Criador revelou-as. A razão, prima-irmã da revelação – sem a qual revelação e adivinhação seriam uma coisa só –, é providência do Criador para que seja dado prosseguimento ao que fora desvendado. Ao contrário, a pessoa instrumento dessa revelação, sem a capacidade intelectual para a devida análise e aceitação, confusa diante do conteúdo de sua mente, não daria andamento ao revelado por ignorar a ação de Deus.

Longe do barulho dos hebreus, refugia-se no monte em busca de conexão espiritual com o Eterno para, em seguida, responder ao povo. Sem o estresse, suas dúvidas sobre o cosmo eram aclaradas diante do Eterno, porém não foi uma revelação como as que aparecem nos filmes, com Moisés

---

[3] Tem havido algumas divergências quanto à autoria do livro de Jó. O eminente teólogo protestante irlandês Adam Clarke 1974 (p. 1 do II tomo na versão espanhola) opõe-se à autoria de Moisés argumentando que "... aun la construcción del linguaje, es distinta al de la Ley...". No entanto na semelhança das revelações propagadas pelo autor de Jó dentro daquilo que entendemos por direcionamento científico, entre outros, há muitas razões para atribuir sua autoria a Moisés. A cosmologia (e não cosmogonia) de Jó tem muito em comum com a cosmologia empregada no livro de Gênesis. Entre os autores propostos por alguns observadores, como Abraão, Salomão e Moisés, ou o protagonista do livro, o próprio Jó, fico com Moisés, a meu ver, o mais provável.

diante de Deus, visível em suas vestes sobrenaturais, recebendo os segredos do universo.[4] Não poderia ser, se o Eterno é um Espírito.

Moisés relata ao povo que Deus manifestava-se entre relâmpagos e trovões e não estava criando sensações. Ele sabia muito bem que as manifestações da natureza não são aleatórias. A natureza obedece a ordens superiores. O teólogo Paul Tillich (1987, p. 77) sustenta que "a Revelação outra coisa não é que a Profundidade da Razão". É o veículo divino junto à revelação aos profetas.

Moisés tinha capacidade para entender a revelação divina. Não nos esqueçamos dos impasses contundentes para com a ciência em plena Renascença pelos delegados da religião dominante. A revelação, como resultado da razão, nas palavras de Tillich, poderia levantar questões, e uma vez havendo razão nas profecias, não necessitaria a ação divina. Porém, na própria Bíblia, em toda a revelação, os profetas escolhidos tinham capacidade racional, sem a qual seria impossível a concatenação.

A fé não é cega (Chenu, 1979, p. 131) e, ao contrário da opinião de Kant (2001), não é doutrinal. Moisés sabia da existência de um Espírito poderoso e indescritível diante das limitações humanas e que quaisquer impulsos racionais a cerca do universo chegaria a esse princípio. Ele afirmou que nunca viu Deus; com isso, as declarações sobre o universo estavam bem à frente do nível científico da época, pois, como já dito, foram reveladas vários milênios antes de Copérnico e Galileu.

Einstein, um século antes – quando não existiam sondas espaciais, computadores e telescópio eletrônico – previu a existência de ondas gravitacionais, comprovadas atualmente com a ação de um batalhão de físicos. Ele não foi inspirado como Moisés foi. As bases intelectuais para essa revelação já estavam firmadas pelas estruturas científicas anteriores, possivelmente sem propósito devocional, como supomos ter sido também com Copérnico e Galileu. Ao contrário das produções científicas desses gênios, não houve base alguma antes executada de forma humana para que Moisés pudesse

---

[4] Sobre "causas e efeitos", Einstein fez a seguinte declaração: "Não sou ateu e não creio que possa me chamar de panteísta. Estamos na situação de uma criancinha que entra em uma imensa biblioteca, repleta de livros em muitas línguas. A criança sabe que alguém deve ter escrito aqueles livros, mas não sabe como. Não compreende as línguas em que foram escritos. Tem uma pálida suspeita de que a disposição dos livros obedece a uma ordem misteriosa, mas não sabe qual ela é. Essa, ao que me parece, é a atitude até mesmo do mais inteligente dos seres humanos diante de Deus. Vemos o Universo Maravilhoso disposto e obedecendo a certas leis, mas temos apenas uma pálida compreensão delas. Nossa mente limitada capta a força misteriosa que move as constelações" (Jammer, 2000, p. 39-40). Nessa declaração, Einstein humildemente não rejeita a existência do Criador diante do fato de não vê-lo em forma física ou de forma explicável de acordo com os conceitos humanos como desejou Kant.

firmar suas declarações. O Espírito Supremo, visível no universo, foi a única fonte de revelação do profeta.

Seguindo tais revelações incontestáveis, volto a insistir que é possível chegar a essa Ação criadora. A realidade dessa criação ausente de estrutura ou dimensão, nessa Causa abstrata, mas presente por meio da razão identificada no efeito, os crentes concordam com o Pentateuco. Outros, convencionando suas defesas – repito – podem refutar, porém é impossível de convencer aqueles que, por suas perscrutações, acreditam.

Dessa forma, percebe-se uma certeza entre os crentes em Deus, que a razão dos não crentes não têm parâmetros de confiabilidade na desestruturação da fé. A metodologia aplicada a esse respeito por alguns pensadores – entre eles Kant –, para os crentes, é uma opinião particular que responde às perguntas apenas de quem a tem. Assim, segundo Kant (2001), o conceito de razão não se aplica a busca da prova da inexistência de Deus. Nesse caso, diríamos que a lógica para negar a Deus ainda não foi alcançada, sendo as tentativas nesse propósito, até o momento, improdutíveis.

O filósofo Nietzsche e o grande cientista Einstein refutaram vários conceitos de Kant. Suas opiniões pessimistas acerca da realidade teológica são convenções pessoais ambíguas e contraditórias. É estranho que na desconstrução dos princípios da fé em Deus em sua obra *Crítica da razão pura*, em nenhum momento Kant (2001) fez referência ao nome de Moisés e muito menos citou alguma referência bíblica na íntegra para incrementar suas teorias já que Moisés está à frente da premissa de toda a sua duvidosa discussão.

A indiferença de Kant à principal fonte de sua temática foi cuidadosamente proposital. Toda a sua retórica sobre a insustentabilidade do Deus do universo deveria ter Moisés e os demais profetas no centro de suas questões, pois são os únicos autores que deram origem à sua refutação. Essa indiferença consciente de Kant sobre as verdades bíblicas faz parte do seu escudo para proteger-se da Bíblia, pois Moisés já havia feito menção no Pentateuco. Ninguém primeiro que Moisés explanou sobre a eternidade e, mais ainda, sobre a expansão do universo e sobre a ordem das eras geológicas no relato dos seis dias da criação.

Kant não disse nada em seu desmerecimento a Deus justificando o fato de ser inatingível e indefinível. É justamente nessa verdade que reside o conceito de fé no Criador. Diante daqueles que investem na desconstrução de um fato sedimentado, verídico – Deus –, necessita-se de uma resposta à altura, que dê embasamento a essa desconstrução ou negação. Se tal proposta contrária não tiver argumentos convincentes, não merece atenção da parte de quem for a autoridade proponente.

O filósofo Nietzsche polemizou: "Pode ser que desejamos a verdade: porque não haveríamos de preferir a não verdade?" (2007, p. 10). Apresentando uma diferença entre *não verdade* e mentira, Nietzsche destacou a liberdade para as convenções de alguns juízos dentro do improcedente, esquivando-se da palavra *mentira* possivelmente para não comprometer o espírito de sua obra *O anticristo* (1888).

Podemos escolher, sim, a verdade ou a *não verdade,* só que havendo os mecanismos imparciais da razão para justificar tais juízos, uma dessas escolhas poderá colocar em dúvida a capacidade racional ou até mesmo a sanidade mental de quem a escolher. Entre uma escolha e outra, uma é deficiente. Nesse propósito, Nietzsche não está fazendo apologia ao errado; ele apenas chama a atenção a essa espécie de prédica para afirmar a necessidade de expressiva cautela nos conceitos de Kant, pois muitos são, na realidade, "não verdades", mentiras (2007).

Se na lógica do raciocínio de Kant há dificuldades de entendimento entre leigos e não especializados com entraves intransponíveis, há também filósofos, cientistas e grandes teólogos com os mesmos problemas. Tais entraves têm causado interpretações opostas, recusas e atribuições ao ridículo em suas opiniões. Cada um de nós tem a liberdade de escolha, assim como estabelecer a diferença entre verdade e *não verdade,* porém os indícios de uma deficiência qualquer podem ser identificados pelo padrão de escolhas.

Entendemos que na busca da manutenção da saúde, alguém com sede diante de um copo d'água potável e um de água contaminada, ao escolher a contaminada optou pela não verdade aplicada à manutenção da saúde. Essa escolha não pode partir de alguém em pleno uso sano de suas faculdades mentais. Contudo as oposições e as negações nem sempre são opções pelas não verdades. Diante disso há um juízo para estabelecimento daquilo que voluntariamente for melhor dentro dos parâmetros universais ou respeito às normas culturais. O caráter dessa escolha alicerçada na razão estabelece de que lado está o bem, se entre a verdade ou a não verdade.

É admissível que entre o bem e o mal há o contexto tornando a opinião de quem os defende flexível ou relativa. De semelhante modo, o ambiente em que Kant encontrava-se no ato do conceito teórico para as dúvidas da existência de Deus pode ter sido parcial ou aconselhável somente para deleite de suas próprias ideias. De maneira contundente, Nietzsche[5] qualificou os seus "juízos" defendidos em *Crítica da razão pura* de grosseiros, radicais e falsos (2007). Einstein, reverentemente, ao fazer referência à mesma obra disse: "Tenho que reduzir o 'a priori' a 'convencional', para não ter que contradizê-lo, mas mesmo assim os detalhes não se encaixam. De qualquer modo, o livro é muito agradável de ler..." (Jammer, 2000, p. 35).

Verificamos que essa temática de Kant não está pautada na sedimentação de uma tese, naquilo que se entende por existir ou não existir, mas condicionar o público a fazer uma escolha ou um juízo entre o sim e o não no conteúdo de suas ambiguidades. Ao contrário, com referência à defesa da inexistência de Deus, as contradições em *Crítica da razão pura* apontam para um conflito constante em sua própria consciência, de um lado desfazendo aquilo que afirma e em outros momentos refutando sua própria negação. Essas evidências manifestam-se maiores no restante de sua trilogia estabelecida sobre Deus, pois as duas obras finais ignoram grande parte do que foi defendido no primeiro livro.

O principal motivo daqueles que abraçam o cristianismo, em primeiro lugar está na certeza da existência do Criador do universo. Mais uma vez lembro aqui que os céticos conduzem suas justificativas de acordo com as propriedades intelectuais à disposição dos seus interesses particulares. Ao opinar sobre a cidade velha de Jerusalém, O ateu americano Edmund Wilson (1996, p. 181) afirmou:

> [...] não gosto muito da Velha Jerusalém. Quando a vi pela primeira vez, anos atrás, incitou-me a imaginação; hoje só me cansa e me aborrece. O Muro das Lamentações, ao qual os judeus dão tanta importância por ser o último remanescente do Segundo Templo, nada tem de impressionante. Nenhuma pessoa bem informada acredita na autenticidade desses "lugares sagrados".

Propostas semelhantes a essas declarações de Wilson procedem de um espírito insatisfeito com a questão religiosa – apesar desse direito –, porém negligente à perscrutação e, consequentemente, mal-informado e irreve-

---

[5] Além da refutação de Nietzsche acerca dos juízos de Kant, Einstein foi categórico ao dizer: "Uma vez que você lhe conceda [a Kant] a simples existência de juízos sintéticos *a priori*, terá caído na armadilha". (Jammer, 2000, p. 35, grifo do autor). A admiração e o respeito de Einstein por alguns filósofos, entre eles Kant e Spinoza, não o eximiu de expor as suas opiniões próprias, às vezes antagônicas às opiniões dos seus admirados. Quanto a Nietzsche, haveria de se esperar que sendo crítico do cristianismo – religião firmada no conceito da existência do Supremo –, ele encontrasse em Kant um grande aliado, o que não aconteceu.

rente. Negligente porque a arqueologia, a história, a geografia e a ciência da religião provam a autenticidade do Muro das Lamentações como sendo ruínas autênticas do grande templo idealizado pelo rei Davi, não fazendo sentido algum, absurda opinião. Irreverente pelo desrespeito em imputar dúvidas à reputação dos religiosos ao dotá-los, de forma indevida, como impostores, restando aos "bem-informados" – segundo o intelectual Wilson – as condições para não acreditarem na autenticidade dos documentos de judeus e cristãos. Se os mecanismos irreverentes usados para duvidar da autenticidade do Muro das Lamentações são os mesmos para discordar da existência de Deus, entendo que ao fazer juízo para saciar a sede, beber água contaminada em lugar da potável não faz diferença alguma para Wilson.[6]

Os fatos extraordinários sobre o universo, comuns no livro de Gênesis, são grandes aliados daqueles que creem. Já vimos que, segundo Moisés, o universo está em expansão. Essa revelação também passou – de forma enigmática – despercebida por mais de três mil anos entre os fiéis leitores da Bíblia. Essa realidade só foi comprovada cientificamente em 1920 por Edwin Powell Hubble, porém mesmo sem Hubble é impossível imaginar o universo estático.

Vale relembrar que se existissem limites no universo, onde estariam as fronteiras? O que haveria após esses limites? Como definir o fim do universo se é impossível encontrar um espaço racional para estabelecer as bordas da matéria?

Em Gênesis 1:6, Moisés usou o vocábulo hebraico רקיע (*rakia*) expansão (em algumas versões, como firmamento) para identificar o universo em constante avanço ou crescimento. O Big Bang – versão científica do Fiat Lux – tem origem nessa real expansão, episódio que Moisés revelava para o futuro, a necessidade de cálculos bem mais avançados para a elucidação da mecânica do universo, e que Einstein, no século passado, deu início com a quântica.

---

[6] *Os rolos do mar morto*, do intelectual Edmund Wilson (1996) foi muito impactante na época (Shanks, 1993), pois foi escrito logo após as primeiras descobertas do importante acervo arqueológico composto de rolos datados entre 250 anos antes de Cristo e 63 depois. Sobre os sepultamentos do mosteiro de Qumran, Wilson ironicamente sentiu-se surpreso quando, segundo ele, não havia "… equipamentos para a viagem ao outro mundo", como no antigo Egito (p. 41). Às vezes, Wilson é referido por escritores independentes e teólogos como iconoclasta devido às suas críticas à própria determinação da natureza e seus constantes ataques a paradigmas das religiões judaica e cristã. Possivelmente, seu principal objetivo sobre as descobertas da milenar biblioteca em Qumran – local do mosteiro da seita – seria especular possíveis contradições no Novo Testamento, tendo como principal foco a pessoa de Jesus Cristo, como em sua declaração: "Não consigo aceitar a palavra Deus, porque sinto que envolve um mito. Parece-me que qualquer tipo de Deus aceito deve ter uma face antropomórfica, e não posso aceitar como encarnação de Deus o rosto de Jesus" (1996, p. 215).

Sendo a eternidade inegável, apesar dos mecanismos científicos ainda insuficientes para confirmação de sua dimensão, nesse caso entre o empírico e a razão, há fenômenos que ocupam o raciocínio, impossíveis de elucidações pelos meios atuais, mas também impossíveis de serem negados.

Os quinze bilhões de anos do Fiat Lux ou Big Bang são apenas uma estimativa para o início do universo, porém a eternidade exige algo mais que esteja antes e depois desse fato na criação. Deus não é uma realidade somente da fé atribuída aos religiosos. A manifestação de Einstein ao admitir a existência do Eterno por meio da ciência numa espécie de simbiose quando disse que "a ciência sem a religião é manca, a religião sem a ciência é cega" confirma a revelação de Moisés.

As palavras de Einstein asseguram ser perigoso prostrar-se diante de determinados conceitos antirreligiosos, pois muitos são fundamentados de acordo com o raciocínio do presente sem levar em consideração a ciência da eternidade. Essa verdade vinda de um eminente cientista faz bem aos crentes.

Na teoria de Kant, todas as palavras de Moisés a respeito da expansão do universo foram "falácias", porém elas foram sustentadas somente até a época de Hubble. Com certeza, tudo o que Moisés falou sobre o universo estava dentro dos conceitos de especulação da mesma razão que Einstein à cerca da Teoria da Relatividade, até o dia 29 de março de 1919, quando um eclipse provou que o cientista estava muito à frente do presente e a partir daí, de acordo com os conceitos de Kant, sua experiência saiu do empírico e passou a ser "razão pura". Esse fato e os de Moisés mostram-nos haver resultados da experiência secular relacionada à fé muito confiáveis e seguros, principalmente quando se estiver perante a eternidade.

Para os religiosos cristãos, quem não se deter diante do poder do Eterno pode ficar à mercê de uma autoridade intelectual suspeita, com ideias duvidosas diante da empreitada acerca de convenções para a razão. Insisto mais uma vez em ponderações nas reflexões vindas de Kant. Nesse caso – ainda Einstein[7] –, a religião judaico-cristã sedimentada no alicerce

---

[7] Segundo Einstein, a luz das estrelas vista na Terra pode não representar o ponto de partida de sua origem. Os raios de luz provenientes das estrelas, em alguns momentos estão sujeitos a sofrer influência em sua trajetória, fazendo curvas por efeito da massa do sol, ou seja, a luz seria afetada pela ação da gravidade. Essa descoberta colocaria em dúvidas as afirmações anteriores de muitos cientistas renomados, entre eles Isaac Newton. Porém só haveria uma forma de Einstein provar sua tese, detectando as diferenças entre a luz de uma estrela e outra por meio de fotografias tiradas em turnos diferentes, sendo os raios noturnos sem o efeito do sol e os diurnos vistos através de um eclipse, porém com o efeito do sol. Com o eclipse solar de 1919 no Brasil foi possível fotografar a luz das estrelas em pleno dia. Depois de comparadas as mesmas fotografias em turnos diferentes, não havia dúvidas, as diferenças provaram que a luz das mesmas estrelas fotografadas à noite estava em posições diferentes

da eternidade e a ciência andam de mãos dadas e, como já vimos anteriormente, não são antagônicas como muitos admitem que sejam.

A expansão do universo descortina a velocidade da luz em todas as dimensões – e a Bíblia registra claramente esse fato. Em Gênesis 1:4 (Versão Almeida, 1982 p. 3) está escrito que a luz foi formada no primeiro dia da criação e que essa luz não foi a do sol, nem da lua. A palavra usada por Moisés para luz, em hebraico, é אור (*or*), no entanto *or* é também fogo, pois na Bíblia hebraica, em Isaías 31:9 e Ezequiel 5:2 (Versão Almeida, 1982, p. 774), a mesma palavra אור (*or*) está relacionada unicamente a fogo. Assim, entendo que dentro do mesmo conceito do termo *or*, as palavras "Haja luz e houve luz" podem ser também **Haja fogo (luz)** e **houve fogo**.

Ao admitirmos que criação e evolução estejam ligadas uma a outra, não podemos ignorar o Big Bang como um dos mecanismos inerentes à criação, mas considerado em oposição às escrituras sagradas por muitos religiosos. A expansão do universo por intermédio da palavra hebraica רקיע(*rakia*) atuando ainda à velocidade da luz está relacionada ao Fiat Lux, ou seja, em Fiat Lux e Big Bang, de acordo com os termos de Moisés, Isaías e Ezequiel[8] são compatíveis.

Muita ciência não revelada aos hebreus foi reservada em forma de código para que no futuro pudesse ser entendida. A palavra שמים (shamaim), céus, somente era grafada no plural por Moisés e demais profetas, numa demonstração clara da admissão da existência de bilhões de galáxias.

Moisés tinha muitos motivos para, em seus livros, explicar os segredos do universo aos hebreus em forma figurativa, simples e até ingênua para os menos crédulos. Naquela época, a maioria acreditava em um deus antropomórfico mediante uma imagem. A Bíblia estava em elaboração. Não havia aparições do Ser Eterno como muitos acreditam. Além disso, não havia ciência à altura da comprovação das verdades ao nível do entendimento popular.

---

quando fotografadas durante o dia, no mesmo horário, no momento do eclipse. A Teoria da Relatividade era uma realidade (Asimov, 1963, p. 134).

[8] Isaías 31:9, Versão Almeida, p. 675: "... diz o Senhor, cujo fogo אור (*or*) está em Sião e cuja fornalha está em Jerusalém". (Ezequiel 5:2, Versão Almeida, 1982, p. 774) "A terça parte queimarás no fogo אור (or) no meio da cidade...". O Big Bang é possível e de maneira alguma vai de encontro aos princípios da criação. As eras geológicas em perfeita cronologia com os dias da criação conforme Moisés relatou dá-nos uma grande projeção. Conforme as descobertas científicas avançam vão se comprovando muitas passagens bíblicas que, de acordo com o entendimento, antes de tais descobertas eram consideradas lendas. Seguramente, muito do que está escrito ainda falta entendimento para o discernimento adequado. Lembramos de que quando Moisés falou do peso do ar (Jó 28:25 Versão Almeida), quem poderia naquela época entender o que falava?

Os deuses dos outros povos – representados em diversas formas de imagens – estavam por toda a Terra. O Deus revelado por Moisés, sendo um Espírito sem forma alguma, era invisível e, sendo assim, não poderia ser apresentado ao povo. As cavernas ainda eram o lar de muita gente. O raciocínio estava em estágio primitivo de evolução, sem condições de entender os segredos da própria existência de cada ser. Explicar a existência de um Deus presente, porém invisível, a um grupo de escravos, não foi tarefa fácil para Moisés. O bezerro de ouro foi a prova disso (Êxodo, versículos 1-10 capítulo 32; Versão Almeida, 1982, p. 91).

De acordo com o sofrimento e queda do nível social nas últimas décadas dos hebreus no Egito, somente Moisés teria condições de excepcional nível racional e espiritual para entender os propósitos do Ser Supremo garantidos a Abraão. A longínqua história da saída de seu antepassado de Ur, dos Caldeus, em direção ao outro lado do Jordão, ainda estava viva quatro séculos depois.

O conceito de que esse procedimento migratório veio de um Ser Poderoso foi alimentado pelas três gerações dos patriarcas Abraão, Isaque e Jacó, sendo a ida de Jacó e seus 12 filhos para o Egito o fato em que seus descendentes alcançaram a soma de aproximadamente dois milhões e 400 mil almas, todas escravizadas. Foi aí que Moisés pôs em prática a revelação da promessa de Deus. E essa promessa estava se cumprindo justamente por aqueles descendentes de Abraão no Egito – um *quilombo* enorme de escravos no meio do deserto fugidos das perseguições de um faraó.

A comunicação de Moisés precisava ser de acordo com o entendimento daqueles forasteiros de poucas instruções. As palavras de explicação direcionadas àquele povo semisselvagem ainda hoje às vezes são enganosamente identificadas como lendas. Porém a Bíblia só pode ser vista como uma lenda se entendida atualmente de acordo com o raciocínio da época dos hebreus no deserto. Somente pela atualização das antigas palavras sagradas, as dificuldades de entendimentos às revelações de Moisés poderão findar.

Uma comparação da Bíblia com atuais descobertas científicas – isenta de impulsos emocionais – mostrará que muitas passagens bíblicas encaradas como mito são reais.[9] Lembro aqui que o impressionante relato de que Deus

---

[9] Édouard Schuré, 1987 — no 1º capítulo de seu livro "Os Grandes Iniciados" — atribui o relato bíblico sobre os patriarcas Abraão, Isaque e Jacó, a uma lenda criada por Moisés. Uma conclusão precipitada. Além da Bíblia, outros documentos históricos e geográficos registram provas da origem dos patriarcas hebreus. Recentemente pesquisadores em busca das raízes do conflito entre judeus e árabes através da ciência, revelaram que Abraão é mesmo o pai, não somente da nação hebraica, como também, árabe. "... uma pesquisa conduzida pelo biólogo

criou os mares e dos mares surgiu a vida dos animais está perfeitamente de acordo com as descobertas dos cientistas ao afirmarem que a vida surgiu nas águas. Apesar disso, a ciência ainda está longe de desvendar os segredos do universo.

Albert Einstein, o mais proeminente cientista do século XX – e neste XXI ainda é –, contrariou absolutamente o conceito de Kant quando disse: "Todo aquele que se empenha seriamente na busca da ciência convence-se de que há um espírito manifesto nas leis do Universo – um espírito vastamente superior ao do homem, e diante do qual, com nossos modestos poderes, temos que nos sentir humildes" (Jammer, 2000, p. 111). Esse Espírito referido por Einstein é o Deus de Moisés. As palavras do grande cientista nesse texto afirmam ser impossível não crer no Deus Supremo.

Baruch Spinoza, pensador holandês de origem judaica, defende em sua filosofia um Deus impessoal, e Einstein, que também tinha a mesma origem, admirava-o muito. No entanto entendemos que quem faz uma declaração semelhante a que Einstein fez sobre o "Espírito regente do Universo" não sustenta o mesmo pensamento de Spinoza. A admissão de impessoalidade de Deus está sempre em conflito com a admiração de Einstein por Spinoza quando disse: "Não acredito no Deus da teologia, que recompensa o bom e castiga o mal. Meu Deus cria leis que se encarregam disso" (Jammer, 2000, p. 97). Essas palavras não sustentam a ideia de impessoalidade de Deus. Se Deus cria leis que se encarregam de punir o bom e castigar o mal – e somente o ser humano é consciente dessa punição –, como admitir impessoalidade nisso?

O próprio Einstein responde que o Deus Eterno do centro do universo,[10] em Suas atribuições, mostra um caráter pessoal criando mecanismos

---

Michael Hammer, da Universidade do Arizona, realizou estudos de DNA para comprovar que os dois povos possuem uma origem genética comum. Os resultados mostraram que ambos surgiram de uma comunidade ancestral que viveu no Oriente Médio há cerca de quatro mil anos, número que representa pelo menos 200 gerações" O comentarista revelando-se surpreso devido o resultado dessa pesquisa ser justamente o que diz a Bíblia, arremata: "Ironicamente, o consenso científico nos leva ao encontro dos relatos religiosos. Especialmente, ao patriarca mais importante do Oriente" (Ribeiro 2016 p. 7). É espantoso como Schuré e o comentarista da pesquisa de Hammer mesmo diante de provas seguras encaram a Bíblia como se estivessem diante de um livro de lendas. A ciência é sem duvidas uma grande aliada da Bíblia.

[10] O paleontólogo espanhol Juan Luis Arsuaga (2005, p. 302-303), em suas pesquisas sobre o surgimento do homem conforme a evolução de Darwin, arremata: "Talvez o primeiro lugar onde Neandertais e humanos modernos se encararam tenha sido em Israel, uma terra muito próxima da África com a qual está conectada pela Península do Sinai. Ali em Israel, foram encontrados numerosos esqueletos em duas sepulturas múltiplas às quais fizemos referências em repetidas ocasiões: Skhul, um abrigo rochoso no Monte Carmelo, e Qafzeh, uma caverna próxima a Nazaré. A idade desses esqueletos situa-se por volta de 100 mil anos...". A Bíblia relata que foi justamente nessa região que a história da humanidade começou com Adão tendo as mesmas características

para atender às necessidades do homem. O uso da expressão "meu Deus" no contexto levantado por Einstein é uma manifestação isenta das mecânicas interjeições comuns do cotidiano expressadas aleatoriamente. "Meu Deus" revela intimidade com o Ser Supremo, ainda mais ao afirmar "que temos de nos sentir humildes diante desse Poderoso Espírito", e declara adoração.

O panteísmo notabilizou-se com Spinoza,[11] porém, se "Deus é a estrutura intrínseca do Universo em si e não a fonte dessa estrutura" (Jammer, 2000, p. 103), onde estaria, então, a fonte do Universo? Nessa definição, o panteísmo, afastando a fonte acima do deus-natureza, justifica a teologia cristã, pois a base de toda a estrutura do conceito sobre Deus é inevitavelmente a fonte – a origem, ou seja, Deus, a fonte de tudo.

É possível admitir que Einstein admirasse muito o defensor do panteísmo, mas não o panteísmo, pois ao fazer referência a "um espírito manifesto nas leis do Universo" – e nessas palavras o Espírito sendo a Fonte –, invalida a versão panteísta sobre Deus, confirmando o que Moisés relatou. A opinião de Einstein induz a uma reação embutida em o *mal* dos judeus na impiedosa expulsão de Spinoza da sinagoga de Amsterdam, indicando que tal comportamento não é da parte de Deus.

O respeitado teólogo Paul Tillich teve vários embates com Einstein na defesa da pessoalidade entre Deus e homem, pois suas justificativas eram insuficientes. O equilíbrio do universo com maior generosidade na Terra conforme conceitos humanos aponta um direcionamento preferencial, sem dúvida como o que se apresenta processando entre nós únicos no universo. A extinção dos irracionais somente não ameaça aos que o homem cria para seus interesses particulares.

---

dos primeiros Neandertais, que nessa época andavam nus, alimentavam-se somente do que a natureza oferecia, além da ausência da consciência. Foi em Adão que a consciência surgiu. A vergonha foi o primeiro passo, quando procurou folhas para esconder sua nudez.

[11] Baruch Spinoza (2007) era um judeu bem diferente de Einstein com respeito à assiduidade nos serviços religiosos da sinagoga. Spinoza era muito interessado nos estudos rabínicos e pertencia a importante comunidade judaica na Holanda. Era grande comerciante de frutas cítricas em Amsterdã e seus maiores clientes eram justamente os judeus. Com suas declarações filosóficas a respeito de Deus, contrárias aos princípios da Torá, os judeus expulsaram-no da sinagoga. Essa expulsão judaica foi pior do que uma excomunhão do papa. Spinoza foi abandonado, empobrecido e difamado (Spinoza, 2007). Possivelmente, a aplicação dessa sentença justamente pelos adeptos de uma religião que representa um Deus bondoso, causou comoção a Einstein. Como ele nunca teve nenhum compromisso com a religião judaica – apesar de judeu –, Einstein sentiu-se livre para defender o irmão de origem, sem prejuízos para sua reputação. Porém, quanto à opinião pessoal de Spinoza em relação à existência de Deus, Einstein não compactuou com elas em suas declarações, apesar de muitos afirmarem que o cientista era adepto da filosofia panteísta.

Diante disso, a existência do Planeta está nas mãos do homem, soberano no comando, abaixo somente do Espírito do Fiat Lux. Esse conjunto de ações junto ao Criador mostra não somente pessoalidade entre ser humano e Ser Supremo, mas interação e amizade. Há os loucos ameaçadores da própria espécie e, do outro lado, os prudentes, no entanto convém assegurar que guerras e pestes fazem parte de ferramentas divinas para a manutenção do equilíbrio.

Essa pessoalidade nem sempre é manifestada naquilo que insistimos entender por bem ou mal. Vimos nisso que a questão panteísta no abandono da ação do equilíbrio fundindo bem e mal em manifestações aleatórias exclui a lei da natureza. O universo tem um Principiador atuante. A irrefutável lei do equilíbrio determina o que é bem e o que é mal. Sem essa lei resta o caos por falta de sintonia entre homem e natureza.

A palavra Deus אלוהים (*Elohim*) já era conhecida dos politeístas da Mesopotâmia antes do povo hebreu sair do Egito. Era uma identificação genérica para qualquer deus. No entanto, em hebraico, a partícula ים (*im*) em Elo*him* eleva esse nome, assim como outras palavras, do singular para o plural. Nesse caso, os hebreus deveriam pronunciar Eloah, já que se dirigiam a somente um Deus. Provavelmente, Abraão – antes culturalmente politeísta –, pronunciando a palavra Elohim na condição de primeiro hebreu, seguiu a tradição de seus conterrâneos pagãos. Se assim foi, אלוה (*Eloah*), Deus, no singular, impôs-se no plural em אלוהים (elohim), deuses, e por força da tradição pagã a mesma palavra passou a ser usada para invocar também o Criador como único Deus.

Contudo uma questão continua, uma vez que sendo Moisés o responsável pela propagação do monoteísmo, por que continuaria grafando o nome do Deus de Israel no plural? Seguramente, os motivos para essa questão encontram-se logo no início do livro de Gênesis: "No princípio criou Deus os céus e a Terra...". É notório que se a palavra Deus (*Elohim*) no plural significa deuses, o verbo, então, deveria concordar com o sujeito deuses, ficando: "No princípio **criaram** os deuses os céus e a Terra". É bem possível que a solução para essa questão esteja justamente no verbo ברא *bara* (**criou**) no singular, indicando que a palavra Deus está grafada de forma genérica pela tradição, ou imposição da semântica, ficando elohim (deuses) para os politeístas e o mesmo Elohim (somente um Deus) para os monoteístas.

Outra questão para o significado do uso da palavra pluralizada Elohim pode estar ligada à Trindade, uma vez que Deus mais tarde seria manifestado ao mundo também através de Jesus Cristo,[12] e após sua ressurreição ficando entre nós como Espírito Santo. Podemos entender que Jesus Cristo, o Deus conosco עמנואל (*Emanuel*), profetizado pelo profeta Isaias, foi a manifestação do próprio Elohim aos seus seguidores em forma de homem. Daí Jesus Cristo ser chamado também de Homem Deus.

O verbo criar usado por Moisés no singular em *criou* pode ter sido uma forma de apresentar um único Deus identificado em suas três manifestações desde a fundação do mundo. Sendo assim, o uso da palavra pluralizada Elohim faz sentido como a representação divina. Quando Cristo, prometendo que ao ser ressuscitado continuaria entre seu povo em Espírito, completou o propósito Divino em Elohim, passando a ser entendido como Trindade. Apesar de a palavra Trindade não se encontrar na Bíblia, as três manifestações divinas consubstanciadas em um só Deus estão referidas desde Gênesis a Apocalipse, compreendendo nisso segurança durante os rituais sagrados. É uma resposta a aquilo que já estava sendo manifestado na Bíblia desde as suas primeiras palavras.

Atualmente, entre os cristãos há grupos religiosos que rejeitam a Trindade. Alguns alegam ser uma doutrina formalizada pela Igreja Romana e por isso preferem reverenciar a Deus dando ênfase ao nome *IAVÉ* (Jeová). De qualquer maneira, estão procurando alinhar a fé em busca da melhor forma de reverenciar o nome do Criador. O culto devocional é muito pessoal, mesmo quando é feito em grupos religiosos comuns à mesma ordem. Somente o reverenciado Criador conhece os corações daqueles que O adoram.

Na Bíblia hebraica, em Gênesis, capítulo 2, versículo 4, Moisés apresentou o tetragrama יהוה (YHWH ou *IAVÉ*) – de acordo com a língua portuguesa, JEOVÁ – antes da palavra Elohim, ficando *IAVÉ Elohim* como

---

[12] O livro de Isaías escrito aproximadamente 750 anos antes de Cristo apresenta o maior número de profecias sobre a vinda de Jesus Cristo. É comum ouvir em algumas mensagens de púlpitos dominicais, pregadores fazerem referência a esse livro como "o evangelho do Velho Testamento". Em 7:14 (Versão Almeida, p. 656) diz "Portanto o mesmo Senhor vos dará um sinal: Eis que uma virgem conceberá, e dará à luz um filho, e será o seu nome EMANUEL". Em 9:6 (Versão Almeida)"Porque um menino nos nasceu, um filho se nos deu: e o principado está sobre os seus ombros; e o seu nome será: Maravilhoso, Conselheiro, Deus forte, Pai da Eternidade, Príncipe da paz". Em 53:4-7 (Versão Almeida) "Verdadeiramente ele tomou sobre si as nossas enfermidades, e as nossas dores levou sobre si; e nós o reputávamos por aflito, ferido de Deus, e oprimido. Mas ele foi ferido pelas nossas transgressões, e moído pelas nossas iniquidades; o castigo que nos traz a paz estava sobre ele, e pelas nossas pisaduras fomos sarados". Já o profeta Miqueias em 5:2 (Versão Almeida) do seu livro diz: "E tu Belém Efrata, posto que pequena entre milhares de Judá, de ti me sairá o que será Senhor em Israel, e cujas saídas são desde os tempos antigos, desde os dias da eternidade". Houve ainda o profeta Zacarias em 9:9 (Versão Almeida) que disse: "Alegra-te muito ó filha de Sião; exulta ó filha de Jerusalém eis que o teu rei virá a ti, justo e Salvador, pobre e montado sobre um jumento, sobre um asninho filho de jumenta".

SENHOR Deus. Em algumas versões, *IAVÉ* (Jeová) é identificado por SENHOR em maiúsculas. Os hebreus não pronunciavam esse nome por temerem estar tomando o nome santo do SENHOR Deus em vão. Todas as vezes que precisavam referir-se ao nome *IAVÉ*, pronunciavam אדני (*Adonai*), referindo-se a *SENHOR* ou *meu SENHOR*. Esse nome diferenciado do genérico *Elohim* foi muito importante aos hebreus, vindo a compor um excelente convite à adoração tanto para os judeus quanto, mais tarde, para os cristãos.

A palavra הללויה (*Aleluia*) formada pelo verbo louvar em louvai הללו (*halelu*), acrescida do prefixo de *IAVÉ*, יה (*IA*) é identificada literalmente na língua portuguesa como "louvai ao SENHOR", porém, ao pé da letra, é **louvai a IA**. *IA* ou *JA* era uma espécie de palavra carinhosa dos hebreus direcionada a Deus. A frase imperativa resumida na palavra *Aleluia* era uma ordem à adoração. *IA* ou *JA* seria também outra maneira de recusa em pronunciar o nome *IAVÉ*. Dessa forma, diante do comportamento do povo hebreu para com Deus, a palavra *IAVÉ* é o verdadeiro nome do Criador.

A veneração a Deus pelos hebreus, invocada por meio do nome *IAVÉ* (JEOVÁ), é de significante impacto para os adoradores cristãos, uma vez que o próprio *IAVÉ* deu todo o conceito dessa palavra em Êxodo, capítulo 3:13-15 (Versão Almeida, 1982 p. 58-59): "Disse Deus a Moisés: EU SOU O QUE SOU. Disse mais: Assim dirás aos filhos de Israel: EU SOU me enviou a vós". Diante dessa revelação do próprio Deus usando o verbo SER como substantivo divino, ele selou o nome *IAVÉ* em "EU SOU AQUELE QUE É", ou seja: tudo se encerra em *IAVÉ*. Ele é, antes de tudo e depois de tudo – *IAVÉ* é o Eterno.

Em Isaias está escrito: "...além de mim não há outro; eu sou o SENHOR, eu sou JEOVÁ e não há outro. Eu formo a luz e crio as trevas; faço a paz e crio o mal; eu o SENHOR, faço todas estas coisas". Para Spinoza, "Deus é a substância infinita, dotada dos atributos da extensão e do pensamento. É desprovido de propriedades éticas, pois o bem e o mal relacionam-se apenas com os desejos humanos" (Jammer, 2000, p. 34). E o que disse Einstein?

> Tente penetrar, com seus recursos limitados, nos segredos da natureza, e o senhor descobrirá que, por trás de todas as concatenações discerníveis, resta algo sutil, inatingível e inexplicável. A veneração dessa força, que está além de tudo o que possamos compreender, é minha religião. Nessa medida sou realmente religioso (Jammer, 2000, p. 34).

Essa força, que está além de tudo o que podemos compreender, segundo Einstein é um espírito. E esse Espírito, segundo a Bíblia, é Deus, o inatingível e inexplicável. Daí a contradição entre Einstein e Spinoza, pois se essa Força é inexplicável, os profetas do panteísmo não podem extrair d'Ela mais atribuições ou resumi-las. Uma estranha controvérsia teológica do panteísmo está no fato de sê-lo dissidência do monoteísmo bíblico. Sendo a Bíblia possuidora de toda a autoridade para expor as atribuições de Deus com referência ao bem e o mal, é unicamente d'Ela tudo o que se conhece de Deus, não podendo de forma alguma extrair dessa mesma fonte negação ou novas atribuições ao Eterno, pois seria a inversão da ordem tendo o homem como criador de Deus.

O errar ao alvo está nas mãos do homem. Esse errar conduz a prejuízo (punição), assim como acertá-lo, não há dúvidas, esteja diante do bem. O efeito estufa é consequência do erro ao alvo em dimensão cósmica. Essa punição com as catástrofes generalizadas na Terra resultantes dos maus cuidados ou desrespeitos em relação à natureza vem do próprio Criador da natureza. Quando uma catástrofe aniquila e expulsa o homem agressor, a natureza propícia à vida recupera-se.

A ideia baseada na inexistência de parâmetros superiores no universo que esteja acima do homem para controle do bem e do mal distancia o princípio de equilíbrio, podendo tal conceito contribuir para o desmanche da própria casa do agressor, a natureza. Seria o fim como resultado da falência das defesas da Terra devido à loucura do homem. Einstein resumiu a sua profissão de fé diante da ética de Spinoza ao declarar: "Não sou ateu e não creio que possa me chamar de panteísta" (Jammer, 2000, p. 39).

Temos que admitir a existência de várias opiniões sobre Deus. O que resta entender é se essas opiniões falam do mesmo SER Supremo. Parece que algumas tentativas de explicação de Deus – apesar de estarem direcionadas aparentemente a um único Deus – têm-se revelado na existência de vários deuses.

Para os homossexuais cristãos, o caminho mais seguro para dar prosseguimento à vida de cidadão respeitado, consciente e apto para quaisquer respostas às agressões daqueles que usam a religião para incriminar as pessoas está no respeito e na adoração ao Ser Supremo que os criou. Para isso é indispensável conhecer o verdadeiro Deus. Esse conhecer não significa desvendar a origem do Eterno segundo os conceitos de Kant e uma multidão de seguidores seus.

Sendo as palavras dos profetas apáticas aos agnósticos, para os cristãos convictos, Isaias revela algumas qualidades do Eterno Deus com propriedade –, pois, indubitavelmente, era profeta a serviço do próprio Deus –, satisfazendo não somente a fé, mas também a ciência. Diante disso, o universo, depois de criado, não foi abandonado a seu bel-prazer. A criação continua em ação com a manutenção do feito, senão teríamos de concordar com a saída de cena do Criador. As trevas, a luz, a paz e o mal são leis do equilíbrio da Terra, tendo o ser humano participação em grande parte desses atributos. O Espírito gestor de sua criação não poderia deixar de ser diferente. Se o ser humano estiver em harmonia com as leis divinas, Deus é o bem para esse ser humano. "Se fizeres bem, não haverá aceitação para ti? E se não fizeres bem, o pecado jaz à porta, e para ti será o seu desejo..." (Gênesis 4:7) Se as leis constitucionais não executarem o seu papel para com o agressor, a punição vinda por meio daquelas leis referidas por Einstein quando disse: "Meu Deus cria leis que se encarregam disso" será implacável.

Kant (2001, p. 477), na impossibilidade de construir uma definição para Deus – e se o fizesse seria maior do que Moisés e os profetas —, resumiu dizendo que não podia afirmar se Deus existe da mesma maneira que não podia negá-lo:

> Mantem-se, pois, o Ser supremo, para uso simplesmente especulativo da razão, como simples ideal, conquanto sem defeitos, um conceito que remata e coroa de todo conhecimento humano. Contudo, a realidade objetiva desse conceito não pode ser provada por este meio, embora não possa ser refutada.

As palavras "não pode ser provada" e, ao mesmo tempo, dentro do mesmo conceito, "não pode ser refutada", entram em confusão analítica, conduzindo a tentativa de elucidação à inutilidade. Se forem possíveis na especulação, a prova da Razão Pura, segundo Kant, não pode haver crédito, pois estão, nesse caso, sustentando posições antagônicas em razão pura e especulação. Em sua autoridade científica, ao declarar a existência do Espírito manifesto nas leis do Universo – Deus –, Einstein resolve essa confusão posicionando-se justamente ao contrário de Kant (Jammer, 2000, p. 111).

O rei Davi adorou a Deus com o cântico: "Os céus manifestam a glória de Deus e o firmamento anuncia as obras de suas mãos" (Salmo 19:1). A palavra firmamento (expansão) usada por Davi é a mesma usada por Moisés ao revelar a criação do universo em expansão רקיע (*rakia*). Dessa forma, o universo continua dinamizando. A ciência, mediante o indiscutível Big

Bang, confirma – indiretamente por meio de suas descobertas – a grandeza desse salmo.

Davi fez uma declaração de reconhecimento ao Supremo diante da poderosa mecânica de Sua criação ainda em pleno andamento. Está escrito: "Ora a fé é o firme fundamento das cosas que se esperam, e a prova das coisas que se não veem" (Hebreus 11:1; Versão Almeida, 1982, p. 259). Nesse texto, o escritor cristão – possivelmente Paulo – usou a mesma lógica dos profetas e, por último, de muitos cientistas para justificar Deus. Voltando à questão "causa e efeito", se excluirmos Deus do universo teremos o mundo como resultado de um ato construtor definido em efeito ou consequência, porém sem a causa. Comparando ao mito do sertão brasileiro, o universo seria um monstro. Uma espécie de "mula-sem-cabeça". Sem dúvida, a deficiência referida por Einstein ao afirmar que "a ciência sem a fé é manca".

Com isso, outra vez caímos no mesmo pensamento desse cientista quando ele alertou para a impossibilidade de o ser humano não acreditar em um Criador Supremo, incluindo em sua máxima aqueles que fazem ciência. É a fé diante do invisível, porém provedor de acordo com a realidade intelectual incontestável e não mística.

Aqui, estamos discutindo os parâmetros da fé em Deus a partir daquilo patente aos nossos olhos, que entendemos ser proveniente de algo superior ao que presenciamos. Em sua essência, a fé em Deus existe independentemente de provas pelas características comuns da religião, no entanto a partir do momento em que a ciência ou um testemunho pessoal compatibiliza os motivos da crença, torna extremamente gratificante ao que crê, pois nada mais é do que a materialização do que já vinha sendo admitido.

Os questionamentos entre duvidosos e crentes atestam algo que incomoda muito de um lado e, de outro, confere segurança, alegria e razão de ser. O filósofo francês Descartes (1968) defendeu esses questionamentos de forma geral sem os quais o homem seria como um animal irracional, já que sem as condições para pensar, inconsciente seria também inexistente. Porém há os que concatenando melhor essa dádiva – o pensamento – alcançarão seus objetivos com melhores resultados.

O homossexual cristão estando apto para posicionar-se convicto agrega poder e segurança nas conquistas dos seus direitos, pois impõe determinação. Já vimos que todas as justificativas dos que consideram a fé em Deus uma manifestação religiosa especulativa não convencem. Não acrescentam nada além de cooperar com a premissa religiosa e científica da eternidade.

Se para o cristão homossexual ou heterossexual a fé em Deus está firmada nos parâmetros da eternidade – sem genealogia, sem princípio, sem fim e sem definição, já que o Eterno só pode ser admitido em um Espírito –, todas as propostas contrárias a esse respeito resumem-se na certeza de que o Eterno é realmente um Espírito sem genealogia, sem princípio e sem fim. Os cristãos adoradores, especialmente os homossexuais, só precisam ouvir isso mesmo e nada mais, pois são convictos de que "Deus é espírito, e importa que os que O adoram O adorem em espírito e em verdade" (João 4:24; Versão Almeida, 1982, p. 109). Diante disso, Kant,[13] sem nenhuma reação, declarou: "A existência da Bíblia como livro para o povo, é o maior benefício que a raça humana já experimentou. Todo esforço por depreciá-la é um crime contra a humanidade" (Halley, 1984, p. 18).

Ao fazer essa afirmação, Kant entrou em mais uma contradição, destruindo sua teoria defendida sobre a teologia especulativa sedimentada na Bíblia. Várias dessas propostas são sustentadas em argumentos infundados e que sutilmente encerram-se em um grande número de declarações contraditórias. As constantes artimanhas maquinadas nos textos daqueles que apresentam seus motivos para negarem a Deus são as provas de que faltam argumentos para sustentarem suas propostas. Immanuel Kant disse que a fé em Deus não passa de uma invenção doutrinal (p. 580), porém em suas conclusões declarou também que:

> [...] em todos os povos, no meio do mais cego politeísmo, reluzem algumas centelhas de monoteísmo a que foram

---

[13] *Em a Crítica da razão Pura*, Kant 2001 adaptou o pensamento de Tales de Mileto (século VI a. C. e do filósofo Epícuro (IV e III séculos a.C.) sobre a influência negativa dos deuses pagãos exercida de forma religiosa na humanidade e a partir daí, de maneira perspicaz incluiu Deus Criador em seus discursos sofistas. Segundo Kant, Deus é uma idealização humana (p. 446-477). Ele mesmo considera-se participante dessa "idealização" quando afirma "Não podemos afastar nem tampouco suportar o pensamento de que o ser, que representamos como o mais alto entre todos os possíveis, diga de certo modo para consigo: "Eu sou desde a eternidade para a eternidade; fora de mim nada existe a não ser pela minha vontade; mas de onde sou então?" (p. 462). Aqui o uso dos verbos *poder* e *representar* na terceira pessoa do plural, não sendo majestático reforça sua afirmação na participação de "criadores de Deus". Nessa questão Kant reúne alguns atributos divinos encontrados em Êxodos 3:14 e 15, e Isaías 45;1-7, porém a pergunta "mas de onde sou então?" é um paradoxo desconstrutor inadmissível em quaisquer recursos literários quando numa séria defesa. Além disso, tenta colocar a Bíblia em contradição através de uma grotesca falsificação às palavras dos profetas acrescentando uma pergunta que não consta em nenhuma parte dos Testamentos. A trilogia iniciada em a Crítica da Razão Pura, Kant destrói Deus. Já em a Crítica da Razão Prática há uma visível desconstrução da Crítica da Razão Pura. A Crítica do Juízo é uma espécie de conversão. É semelhante a uma confissão de arrependimento pelos abusos cometidos no primeiro livro. O conjunto dessas declarações em sua trilogia elimina toda a autoridade do raciocínio do filósofo em relação a Deus.

levados, não por reflexão nem profundas especulações, mas apenas pela marcha natural do entendimento comum, que gradualmente se vai esclarecendo (p. 449).

Aqui ele confirma o que Einstein disse sobre a impossibilidade de não crer em Deus. Quando Kant, ao admitir a realidade do monoteísmo "pela marcha natural do entendimento comum que gradualmente se vai esclarecendo", involuntariamente compactuou com o próprio Moisés nessa declaração, dando ciência da existência de um único Deus. Não há espaço para o monoteísmo sem a criação. Ou seja, só há uma razão para o monoteísmo e cabe somente ao Deus do universo. A ideia do faraó Akhenaton decretando o sol como o único deus, sendo ele próprio o mediador entre esse deus e os egípcios, não corresponde ao princípio de monoteísmo dado pelas próprias palavras de Kant. Essa é uma das maiores contradições do filósofo alemão, pois invalida totalmente a proposta temática em seu livro *Crítica da razão pura* (reiterada em Fé e Convicção, p.121-129).

Quem quer que esteja ciente de que não há outra maneira de fazer o universo existir sem a fé está de acordo com os princípios bíblicos e com a ciência. E quem, por intermédio de suas propostas, apresentar a existência do universo de outra forma e não convencendo aquele que crê, permanece o que fora dito na Bíblia: "Pela fé entendemos que os mundos pela palavra de Deus foram criados; de maneira que aquilo que se vê não foi feito do que é aparente" (Hebreus 11:3; Versão Almeida, 1982, p. 259). A profissão de fé do homossexual tem a mesma autenticidade da profissão de fé dos demais cristãos e adoradores genuínos, não homossexuais diante do Eterno Criador.

Emanuel – Deus Conosco é o Messias, o Cristo anunciado pelos profetas, quando esteve na Terra, foi visto por uma multidão composta de várias raças. A exclusividade daqueles que viram Deus em Jesus Cristo interrompeu uma eternidade de manifestações cosmológicas sem que o Criador fosse visto de acordo com os padrões humanos. Contudo sua presença pessoal na Terra – na plenitude dos tempos – foi uma decepção para muitos e ainda o é para aqueles que buscam explicações categóricas convencionadas a bel-prazer naquilo que entendem por razão sobre a sua existência. A Ética. A missão presencial de Deus na Terra – Jesus Cristo – foi conduzir aos marginais atribuídos pela sociedade, a libertarem-se da opressão, do preconceito e da intolerância, quando disse: "Vinde a mim todos que estais cansados e oprimidos, e eu vos aliviarei. Tomai sobre vós o meu jugo, e aprendei de mim, que sou manso e humilde de coração, e encontrareis descanso para vossa alma" (Mateus 11: 28 e 29).

O Mestre não fez apenas um convite. Nessas palavras há um conceito de Ética exclusivamente de Cristo, pois não faria sentido algum se o Autor do convite, quando em forma de homem, ficasse calado diante da atribuição de pecados inexistentes, opressão aos samaritanos, apedrejamentos ou exclusões por preconceitos.

Cristo e os homossexuais. Um pouco antes do pronunciamento do grande convite, Cristo usou o conceito daqueles que culpam os homossexuais pela destruição de Sodoma para afirmar que muitos religiosos de sua época, entre eles os de Cafarnaum – autoproclamada tão santificada à altura de ser elevada aos céus de corpo e alma – eram, no entanto, muito mais pecadores do que os de Sodoma.

> E tu, Cafarnaum, que te ergues até aos céus, serás abatida até aos infernos; porque se em Sodoma tivessem sido feitos os prodígios que em ti se operaram, teria ela permanecido até hoje. Porém eu vos digo que haverá menos rigor para os de Sodoma no dia do juízo, do que para ti (Mateus 11:23 e 24).

"Serás abatida até aos infernos" é um aviso inequívoco, expressivo e contundente de Cristo alertando aos caluniadores a abrirem os seus olhos. Ele declarou inexistente a associação homossexual aos sodomitas, principalmente porque em sua época, segundo Flavio Josefo (2011), já estava em vigor a comparação a esse respeito. O uso das palavras "menos rigor para os de Sodoma" sem o uso do termo grego ἀρσενοκοῖται (arsenokoitai) isenta os homossexuais de culpa, confirmando a determinação de sua ética.

Ao evitar a palavra arsenokoitai pronunciada por Paulo contra os homossexuais de Corinto (que em português e outros idiomas ocidentais é traduzida equivocadamente para a palavra sodomita), demonstrou o mesmo entendimento do profeta Isaías, isentando os homossexuais da loucura do povo de Sodoma. Antes, porém, vimos que Moisés, o autor do relato de Sodoma, em nenhum dos seus escritos fez uso da palavra original kedesh (prostitutos cultuais) para identificar homossexuais.

2

A BÍBLIA E OS HOMOSSEXUAIS

*Há mais indícios seguros de autenticidade
na Bíblia do que em qualquer história profana.*

(Sir Isaac Newton)

"A regra infalível da interpretação da Escritura é a própria Escritura...". Outra coisa não deve ser. Pois se nisso verifica-se Deus falando aos seus escritores, tudo se encerra através da sua Palavra esclarecedora – a própria Bíblia. Vimos um exemplo claro de autoesclarecimento bíblico nas profecias de Isaias em que recomendações certificam uma grande diferença entre a palavra homossexual e a palavra sodomita: "Se o SENHOR dos Exércitos não nos deixara algum remanescente, já como Sodoma seriamos, e semelhantes a Gomorra" (Isaías 1:9; Versão Almeida, 1982, p. 651). Nesse texto, o profeta afirma que ele e os demais povos de sua época não seriam diferentes dos povos de Sodoma e Gomorra caso não houvesse remanescentes fiéis a Deus que os livrassem daquele mal. Trazendo Isaías para os nossos dias, sua afirmação seria apenas um grito de alerta profético semelhante a tantos outros, não fosse o fato de Sodoma e Gomorra – segundo a maioria dos intérpretes da Bíblia –, terem sido destruídas por consequência das práticas homossexuais entre seus habitantes.

Sodomita é uma palavra criada depois de Cristo para identificar o homossexual atual, no entanto qualquer cristão que fizer uma análise imparcial a esse respeito reconhecerá que tal definição não se completa quando examinada de acordo com o contexto da destruição daquela cidade. Diante do pensamento atual e equivocado sobre aquela destruição, Isaias não poderia qualificar seus pecados, semelhantes aos pecados de Sodoma, sem ser identificado como homossexual, pois a maioria dos intérpretes da Bíblia defende tal destruição justamente por consequência disso. Nesse caso, se o profeta inclui a si próprio e o seu povo entre os pecadores de Sodoma e Gomorra é porque não foram destruídas por consequências pontuais de práticas homossexuais, mas, sim, pelo pecado de uma forma geral.

A Bíblia encerra o assunto sem subterfúgios. Isaías poderia ter usado como exemplo os insaciáveis heterossexuais responsáveis pelo dilúvio para comparar a sua geração, ou qualquer reação divina contra outros pecadores compulsivos em vez de Sodoma – palavra que deu origem ao termo *sodomita* e que invariavelmente é transformada em meio de estigma entre os religiosos para não somente humilhar homossexuais, como condená-los ao inferno –, tal foi a segurança em escolher os sodomitas como exemplo para os pecadores de sua época sem ser comprometido com a homossexualidade.

Como o Pentateuco e os Profetas não especificaram em momento algum a homossexualidade como motivo para aquela destruição nem insinuaram em direção a essa interpretação, a analogia da palavra *sodomita* com a cidade de Sodoma é inconcebível, é uma associação pretenciosa. Ao contrário, o apóstolo Paulo, sete séculos e meio mais tarde, horrorizado com os libertinos homossexuais do seu tempo, jamais endossaria as palavras do profeta ao exortar aos pecadores de sua época repetindo o mesmo texto: "E como antes disse Isaías: Se o SENHOR dos exércitos não nos deixara descendência teríamos sido feitos como Sodoma e seríamos semelhantes à Gomorra" (Romanos 9:29; Versão Almeida, 1982).

Diante das declarações de Isaías e Paulo, a invenção do significado para o termo sodomita – já que aplicado na maioria das versões da Bíblia não está indicando naturalidade –, é também improcedente, pois Jesus Cristo, centro das profecias de Isaías, recordou várias vezes de Sodoma exortando aos judeus da mesma maneira que o profeta fez, sem especificar ou apontar os homossexuais como responsáveis pela ira de Deus e, sim, para o pecado praticado de maneira geral.

Cristo, assim como Paulo, nasceu e morreu num dos piores momentos de tirania do Império Romano, em que os escandalosos imperadores homossexuais ostentaram suas condutas da forma mais inadequada possível. Paulo, em seus conselhos, poderia evitar compactuar com o profeta perante o péssimo testemunho dos homossexuais romanos do poder, tão cruéis com os cristãos. Ao acatar a comparação de Isaías e seus conterrâneos com os sodomitas – nesse contexto os naturais de Sodoma –, mais uma vez deixa clara a falta de compreensão praticada pela maioria dos intérpretes da Bíblia nos dias atuais.

A ética de Cristo junto à imparcialidade do profeta Isaías e apóstolo Paulo destrói o estigma aplicado aos homossexuais. Identificar um homossexual de sodomita em associação aos causadores da destruição de Sodoma manipula a Bíblia, se não por conveniência, por negligência, e tudo isso é contravenção religiosa. Para os batistas e seguramente para todos os fiéis cristãos, "A regra infalível da interpretação da Escritura é a própria Escritura..." (Bettenson, 1986, p. 284).

A Bíblia é a única regra de fé e ordem do cristão. Livro escolhido para inauguração da máquina de impressão em série, fato que, de acordo com a preferência do inventor Johannes Gutemberg, já indicaria naquela época – século XV –, a leitura mais executada no mundo. Ela tem duas principais divisões: Velho e Novo Testamentos. Em ambas há normas para a vida religiosa dos cristãos. Certamente, os preceitos do Velho Testamento prepararam o mundo para a vinda de Jesus Cristo. Daí o cristianismo. Dentro dessas duas grandes divisões encontramos fatos históricos, valorização cultural entre os religiosos, mandamentos, normas para o culto divino e práticas de enlevos espirituais muito pessoais, tais como jejum, promessas, particularidades nos rituais, etc.

Se um cristão sentir-se feliz em praticar adoração no alto do monte não há problema. Porém aos que não quiserem subir a montanha, adorando em outros lugares, também não há nada de errado. Há adoradores que o fazem ajoelhados, outros adoram em pé. Uns contribuem mais, outros menos. Há os que podem usar as melhores roupas para irem aos cultos enquanto outros, com suas vestimentas simples, adoram do mesmo jeito. O enlevo espiritual (devoção) é uma questão entre o adorador e Deus, mas a ética e os bons costumes esquadrinham o equilíbrio da cultura espiritual do adorador.

A Bíblia é constantemente chamada pelos cristãos de "espada", uma vez que nela há a justificação de um lado e, do outro, condenação. Muitos leitores procuram meios de justificar seus anseios valendo-se de normas que foram aplicadas a adoradores quando ainda estavam no deserto do Sinai. Seria uma espécie de jurisprudência religiosa, porém perigosa, pois nos países cristão as leis constitucionais são elaboradas de acordo com a cultura local e atual. Houve muitos mandamentos para o povo hebreu, constituídos somente para aquela época. Já os Dez Mandamentos fizeram parte de uma das mais antigas constituições e praticamente todas as suas leis são recomendadas aos cristãos. São leis universais, ao passo que em outros mandamentos, para os hebreus, as leis eram específicas unicamente para aquele povo.

De acordo com milhares de denominações religiosas dentro do cristianismo, vimos que algumas identificam-se mais com determinados preceitos em oposição a outras. Há religiosos que usam manifestações de enlevos espirituais praticadas por adoradores nos tempos antigos e que têm se tornado destaque em seus cultos. Porém a palavra cristianismo por si só já resume o fato de que Cristo é o centro dessa religião, tendo o Velho Testamento como fundamento ao apresentá-Lo para estabelecimento da fé cristã.

Nesse aspecto, desde muito tempo a Bíblia tem sido questionada quando usada como ferramenta a serviço dos intolerantes. Jesus Cristo teve embates acirrados com os judeus da seita farisaica ao se valerem de trechos seletivos, descontextualizados, para impor suas pretensões religiosas. Atualmente, muitos intolerantes religiosos condenam homossexuais aproveitando os mesmos mecanismos usados pelos fariseus da época de Cristo. A homossexualidade é referida em toda a Bíblia, no entanto, numa época de péssimos exemplos dados pelos homossexuais do poder em Roma, Jesus poderia ter incluído todos sem exceção em seus "ais" independentemente de classe social ou religião.

Quando Jesus destacou algumas cidades importantes de sua época e identificou-as com maior teor de iniquidades do que as cidades de Sodoma e Gomorra, deu mostras de que muitos dos "santificados" ao seu redor estavam piores do que os pecadores daquelas cidades destruídas.

É importante destacar aqui que Jesus Cristo, ao fazer referência aos pecadores daquelas cidades, em nenhum momento em suas observações aludiu a alguma perversidade sexual e muito menos proferiu uma palavra sequer de condenação a homossexuais, identificados de forma inadequada como sodomitas. Porém, apesar de, nessa atitude, o Mestre não ter defendido os psicopatas de Sodoma e Gomorra, abriu um precedente inclusivo aos homossexuais que, depois daquele incidente – sem nenhuma culpa pelo acontecido –, tornaram-se responsáveis pelos pecados alheios de muitos. Nesse contexto, Cristo poderia ter aproveitado o momento oportuno para encerrar o assunto condenando a todos os homossexuais, apresentando o ocorrido em Sodoma e Gomorra como motivo.

Desde que a história vem sendo contada há notícias de homossexuais. Possivelmente, as primeiras referências a esse respeito protagonizaram seres do sexo masculino, mas não há dúvidas de que entre os dois sexos houve homossexuais desde o princípio da humanidade.

O primeiro relato bíblico sobre intenção de atos sexuais entre pessoas do mesmo sexo foi justamente na cidade de Sodoma. No entanto, de acordo com as circunstâncias em que foi relatado, percebe-se que tal prática não se consumaria por um capricho ou busca de satisfação sexual por aqueles seres de Sodoma e, sim, por uma prática de humilhação a um desafeto, atendendo de certo modo a uma vingança.

O pivô desse acontecimento foi um personagem conhecido por Ló. Sobrinho do patriarca Abraão, em Sodoma Ló era estrangeiro, grande empreendedor em agronegócios e, por isso, o mais rico cidadão daquela cidade. A posição social do megapecuarista fez com que exercesse uma espécie de liderança moralista baseada em sua cultura trazida de fora. Com isso não comungava a mesma cultura dos sodomitas – os nascidos em Sodoma – além da imposição de suas regras comerciais. Essa condição fez com que alguns escritores bíblicos o chamassem de justo.

Ló foi visto pelos sodomitas – mais uma vez aqui, naturais de Sodoma e não em generalizados homossexuais – como arrogante e prepotente. Entendiam que na condição de estrangeiro deveria comportar-se em posição de indiferença. É possível que já estivesse por muito tempo na mira daqueles bairristas. Apenas esperavam um motivo qualquer para colocar em prática uma grande desmoralização àquele estrangeiro. Um dia, quando dois visitantes também estrangeiros chegaram a sua casa, toda a população de Sodoma foi avisada. Enfurecidos, desde o mais velho ao mais novo cercaram a casa de Ló para atacar os visitantes com a intenção de realizar a mais hedionda das humilhações – estuprá-los (Gênesis, capítulo 19, versículos 1-23, Versão Almeida, 1982, p. 18 e 19). Para o bem de Ló, seus hóspedes, com poderes extraordinários, neutralizaram os ânimos dos enfurecidos sodomitas.

Antes de Sodoma e sua vizinha Gomorra existirem, a Terra já havia sido corrompida pela incredulidade e pelo abuso sexual dos povos, não entre homens com homens, mas entre homens e mulheres. Tal corrupção foi pior do que a de Sodoma. Deus aborreceu-se e destruiu aquele povo, como também fez com Sodoma e Gomorra. Na reação de Deus aos conterrâneos de Noé houve medidas muito mais contundentes se comparadas às de Sodoma. Em Sodoma, uma explosão de magnitude atômica causou uma destruição muito menos traumática à população do que a demorada morte por afogamento durante o dilúvio. O povo de Sodoma não percebeu a chegada da morte. No entanto ambas as destruições tiveram o agravamento do pecado como motivo, segundo a Bíblia.

Na época de Noé, as práticas sexuais incomuns à cultura devocional a Deus eram muito recorrentes entre os povos. Os atos sexuais aumentaram de maneira descontrolada o número da população daquelas cidades e entre os nascimentos acreditavam-se que os jovens que alcançavam estatura excepcional eram considerados filhos dos deuses. Era uma coincidência, pois sabemos que em todos os tempos houve pessoas de grandes estaturas, assim como pessoas anãs, o problema é que aqueles grandalhões eram usados pelos inimigos do povo hebreu como armas de guerra.

Nesse ínterim, Moisés, no capítulo seis de Gênesis, faz uma distinção entre os que praticavam essas relações sexuais como, de um lado, os filhos de Deus, e de outro, as filhas dos homens. Esse texto parece obscuro, porém sem nenhuma pretensão teológica, entendo que "os filhos de Deus" poderiam ser os seus adoradores, que se corromperam em casamentos ilícitos com mulheres incrédulas, "as filhas dos homens". Bem mais tarde, o rei Davi fez uma comparação entre seus inimigos com os filhos dos homens ao qualificá-los de "abrasados", "... cujos dentes são lanças e flechas e cuja língua é espada afiada" (Salmos 57:4; Versão Almeida, 1982, p. 569).

Segundo Flavio Josefo – grande estudioso do povo hebreu, vivido no 1º século da era cristã –, durante sete gerações o povo foi temente a Deus, reconhecendo-O como único Senhor do universo. Porém as gerações seguintes passaram a ignorar a autenticidade do culto, demonstrando desrespeito total aos princípios sagrados dedicados ao Criador. Entregaram-se a toda forma de crimes e cultos pagãos, numa completa aversão aos costumes dos antepassados (Josefo, 2011).

Nessa cultura da época do dilúvio, possivelmente entre a oitava e a décima geração partindo de Adão (Halley, 1984), os sacrifícios de humanos em nome dos desuses tornaram-se uma prática muito comum. Somava-se a isso o mito pagão de casamentos entre deuses e humanos. Nos registros arqueológicos de cidades antigas como Rabá (atual Amã na Jordânia), Ugarit, na Fenícia (atual Síria), e Qumran, em Israel, muitas referências sobre os "filhos dos deuses" foram encontradas cravadas em períodos anteriores e posteriores ao nascimento de Israel como nação (Hendel, 1993, p. 182).

É possível que Moisés – conhecedor dos rituais das religiões politeístas –, na divulgação do Deus verdadeiro, aproveitou essa cultura pagã já enraizada na ideia do povo, para mostrar quem eram os verdadeiros "filhos de Deus" e os verdadeiros "filhos dos homens", pois há muitas referências semelhantes no Pentateuco.

Paulo também usou essa tática quando pregava em Atenas atento à frase "AO DEUS DESCONHECIDO" cravada no panteão dos deuses. Nesse ambiente, as pregações de Paulo incomodaram uma multidão de gregos, que o conduziram a uma assembleia na colina do Areópago para explicar quem era aquele Deus que ele anunciava. Num discurso inflamado, Paulo disse que vendo os santuários deles, encontrou um altar dedicado AO DEUS DESCONHECIDO. "Esse, pois, que vós honrais não o conhecendo é o que vos anuncio" (Atos 17:16-34). Os gregos perderam a razão e calaram-se.

No tempo dos hebreus, já na Terra Prometida, as uniões matrimoniais de judeus com mulheres de origem pagã foram terminantemente proibidas. O final infeliz de Sansão foi um desses casamentos mistos, com Dalila, conterrânea do gigante Golias, da etnia dos filisteus e de orientação religiosa pagã. Nesse caso, Sansão deveria ser um dos "filhos de Deus" e Dalila uma das "filhas dos homens". Ao impor-se na mesma região de uma cultura politeísta, o monoteísmo haveria de suscitar muitas polêmicas a partir da transição sagrada dos deuses pagãos para o verdadeiro Deus. Várias vezes os profetas usaram a cultura pagã para justificar a mensagem divina. Nessas situações, Jesus usou táticas diferentes criando parábolas.

Se na destruição dos antediluvianos o motivo principal esteve nas práticas sexuais desordenadas entre homens e mulheres, na destruição de Sodoma o motivo principal não foi a prática sexual, pois antes dos sodomitas tentarem estuprar os hóspedes de Ló, Deus já estava determinado a destruir a cidade independentemente desse fato. Quanto ao dilúvio, as provas de que o único motivo daquela destruição foram as práticas sexuais entre homens e mulheres estão relatadas em Gênesis 6:1, 2 e 4 (Versão Almeida, 1982, p. 7, grifos meus):

> 1 - E aconteceu que, como os homens se começaram a multiplicar sobre a face da terra, e lhes nasceram filhos e filhas... (*sexo entre homem e mulher.* Grifos meus).
>
> 2 - Viram os filhos de Deus que as filhas dos homens eram formosas, e tomaram para si mulheres de todas as que escolheram (*sexo entre homem e mulher.* Grifos meus).
>
> 4 - Havia naqueles dias gigantes na terra, e também de- pois quando os filhos de Deus entraram as filhas dos homens, e delas geram filhos: Estes eram os valentes que houve na antiguidade, os varões da terra (*sexo entre homem e mulher.* Grifos meus).

Em seguida, principais referências na Bíblia hebraica sobre o termo KEDESH (santo ou consagrado) em algumas versões atuais:

ORIGEM

Hebraico	Transliteração	Português	Bíblia hebraica
קדש 01	Kedesh	Santo	Deuteronômio 23:17
קדש 02	Kedesh	Santo	I Reis 14:24
הקדש 03	Hakkedesh	O santo	I Reis 22:47
קדשים 04	Kedeshim	Santos	Jó 36:14
הקדשים 05	Hakkedeshim	Os santos	I Reis 15:12

Fonte: Snaith, 1986

VERSÕES

Português	Versão brasileira	Local na Bíblia
Santo	Sodomita	Deuteronômio 23:17
Santo	Rapazes escandalosos	I Reis 14:24
O santo	Rapazes escandalosos	I Reis 22:47
Santos	Sodomitas	Jó 36:14
Os santos	Rapazes escandalosos	I Reis 15:12

Fonte: Almeida, 1982

Português	Versão inglesa	Localização bíblica
Santo	Sodomite	Deuteronômio 23:17
Santo	Sodomites	I Reis 14:24
O santo	Sodomites	I Reis 22:46
Santos	Unclean (Impuro)	Jó 36:14
Os santos	Sodomites	I Reis 15:12

Fonte: King, 1615

Português	Versão espanhola	Localização bíblica
Santo	Sodomita	Deuteronômio 23:17
Santo	Sodomitas	I Reis 14:24
O santo	Sodomitas	I Reis 22:46
Santos	Sodomitas	Jó 36:14
Os santos	Sodomitas	I Reis 15:12

Fonte: Reina, 1960

Português[14]	Vulgata brasileira	Localização bíblica
Santo	Fornicador	Deuteronômio 23:17
Santo	Efeminados	III Reis 14:24
O santo	Efeminados	III Reis 22:47
Santo	Efeminados	Jó 36:14
Os santos	Efeminados	III Reis 15:12

Fonte: Jerônimo, 1986

Jesus, ao fazer referência ao dilúvio (Lucas 17:27), disse: "Comiam, bebiam, casavam e davam-se em casamento, até ao dia em que Noé entrou na arca, e veio o dilúvio e destruiu a todos". Ao dar prosseguimento ao assunto nos versículos 28 e 29 do mesmo capítulo – desta vez fazendo referência a Sodoma –, de maneira alguma o Salvador apontou a homossexualidade como motivo para aquele fim: "O mesmo aconteceu nos dias de Ló: comiam, bebiam, compravam, vendiam, plantavam e edificavam; mas, no dia em que Ló saiu de Sodoma, choveu do céu fogo e enxofre e destruiu a todos".

Nessas passagens, Jesus usou claramente os dois extremos das destruições e quanto às práticas sexuais referiu-as somente entre homens e mulheres como causas do dilúvio. Essa ênfase firme e convincente contradiz aos comentaristas atuais que, ao fazerem referências a Sodoma, direcionam

---

[14] Além dessas cinco referências na Bíblia hebraica sobre a palavra שדק (kedesh) no quadro das versões em português há ainda seis, conforme mensurado pelo exegeta Vine (2015 p. 280) incluindo três referidas em Gênesis 38:21 e 22 relacionadas a prostituta Tamar, mas que como veremos a seguir, não estão claramente em conformidade ao texto citado em Gênesis. Demais referencias (11) constam no rodapé nº 28.

suas condenações pretenciosas somente aos homossexuais, esquivando-se propositalmente do contexto.

Na Bíblia de Jerusalém (não incluída no quadro das versões), **kedesh** foi identificada como "prostitutos sagrados" nos livros de Deuteronômio e Reis, e apenas "prostitutos" no livro de Jó. Algumas versões protestantes do final do século XX contêm as mesmas referências identificadas como prostitutos sagrados ou cultuais. Nessas versões mais apropriadas há comentários de biblistas que associam tais prostitutos a homossexuais, mesmo não havendo base no relato do acontecido em Sodoma (Gênesis 19), o original **kedesh**.

A contextualização bíblica em hebraico que seguiu logo após o relato da destruição de Sodoma nos livros de Deuteronômio, Reis e Jó tem questionáveis diferenças de versões, principalmente na Bíblia brasileira de João Ferreira de Almeida, 1982. Percebemos contradições em outras versões, numa clara demonstração de posição pessoal em vez de imparcialidade quanto ao sentido adequado diante do original.

Alguns exerceram muita liberdade diante da importante tarefa a que se propuseram fazer, dando versões, com sentidos diferentes para uma mesma palavra, dentro do mesmo conceito. De acordo com o quadro de comparação das versões apresentado anteriormente, a palavra *kedesh*, atribuída a homossexuais no mundo cristão, não corresponde em nenhum momento à contextualização do ocorrido em Sodoma.

Na versão brasileira, em Deuteronômio 23:17 (Versão Almeida, 1982, p. 210), foi identificada como *sodomita*; já em I Reis 14:24 (Versão Almeida, 1982, p. 369), a mesma palavra hebraica, dentro do mesmo contexto, como *rapazes escandalosos*. Somente a versão espanhola padronizou o sentido.

A Vulgata brasileira (Bíblia católica), partindo de uma única palavra, criou os sentidos *fornicador* e *afeminado*. É a mesma controvérsia da versão de Almeida (1982) (protestante brasileira) em *sodomita* e *rapazes escandalosos*, pois nem todos os *fornicadores* são *afeminados*, porém é certo que, de acordo com o relato bíblico, os sodomitas, sem sombra de dúvidas, foram bandidos, galerosos, ou arruaceiros.

A falta de precisão verificada abre um precedente negativo embutido nas versões dos escritos sagrados relacionados aos delinquentes de Sodoma. Faltou fidelidade com certeza. A versão espanhola, contrariando as outras ao não diversificar o sentido do termo, mesmo padronizando a versão indevidamente em somente sodomita, revela engano nas demais.

A conclusão sobre essas diferenças entre essas versões é que uma ou outra esteja errada. Essa profusão de contradições desqualifica qualquer relação dos delinquentes de Sodoma com a homossexualidade, baseada no original *kedesh* (consagrado), pois são conotações preconceituosas, tramadas na versão.

Já vimos que no texto usado pelos intérpretes que responsabilizam os homossexuais pela destruição de Sodoma, em Gênesis, capítulo 19 (Versão Almeida, 1982, p. 18-20), não há o termo קדש (*kedesh*), convencionado aos galerosos daquela cidade como sodomitas, homossexuais, rapazes escandalosos, afeminados, impuros e fornicadores. A Bíblia hebraica somente refere-se a prostitutos consagrados ao culto pagão, a partir de Deuteronômio 23:17.

O exegeta Vine, em seu dicionário exegético, indicou somente quatro termos originais direcionados a esse respeito, mas disse haver 11. Recorri à Bíblia hebraica e encontrei as 11 referências, sendo cinco delas direcionadas a prostitutas. Vine afirma ainda que em Gênesis 38:21 registra-se a primeira ocorrência relacionada à prostituição sagrada, ou a relações homossexuais, contudo não foi identificado em quais circunstâncias, pois Tamar, a prostituta do texto citado, por duas vezes ficou viúva de filhos de Judá e pela tradição teria que se casar com mais um irmão dos mortos; entretanto Tamar rejeitou Selá – o terceiro filho de Judá –, sob alegação de já ter alcançado a idade necessária para o casamento sem que Judá tenha providenciado as núpcias. Com esse pretexto, entregou-se à prostituição e numa trama bem-sucedida teve relações sexuais por dinheiro com o próprio sogro sem que ele a identificasse. Nesse texto, em nenhum momento encontramos alusão à prostituição cultual e muito menos à homossexualidade atribuída a Tamar como afirma o exegeta (p. 280).

Moisés, apesar de três vezes usar o termo *kedesha*[28] (p. 191) para prostituta, no contexto somente permite margem para *prostituição profissional heterossexual*. Além disso, no mesmo capítulo (Gênesis 38:15) referente a Tamar usou também a palavra זונה (*zonar*) direcionada a *prostituta profissional* e não cultual. Nesse episódio, Moisés deixou claro que a palavra *kedesh* nada tem a ver com homossexualidade. Esse esclarecimento inequívoco inviabiliza quaisquer pretensões dos preconceituosos religiosos ao relacionar a homossexualidade a Sodoma. O cuidado que o grande profeta teve em descrever o incidente de Sodoma sem qualquer vínculo com a homossexualidade encerra o assunto. Esse relato esclarecedor, basta.

A maior realização de humilhação para um delinquente é exercer no desafeto o ápice do constrangimento. O estupro praticado tanto por um homem em outro homem quanto por um homem em uma mulher não tem palavras para descrever tamanha humilhação. O versículo usado como fonte para toda essa polêmica não teve origem naqueles galerosos de Sodoma por meio do termo קדשים (*kedeshim*), palavra geralmente traduzida por sodomitas.

O livro de Gênesis, capítulo 18:20 (Versão Almeida, 1982, p. 18) relata: "Disse mais o Senhor: Porquanto o clamor de Sodoma e Gomorra se tem multiplicado, e porquanto o seu pecado se tem agravado muito". E, ainda, no capítulo 19:4 (Versão Almeida, 1982, p. 19), sobre os visitantes de Ló, está escrito: "E, antes que se deitassem, cercaram a casa os varões daquela cidade, os varões de Sodoma, desde o moço até ao velho; todo o povo de todos os bairros".

Nesses dois textos, a palavra Sodoma em hebraico é סדם (*Sodom*) e não tem nenhum vínculo com קדש (*kedesh*), traduzida como sodomita. Ao contrário, toda a população de Sodoma seria homossexual, pois no versículo bíblico está escrito que todo o povo cercou a casa de Ló, desde o moço até ao velho. Tais traduções criam uma sensação de manipulação dos originais sagrados, abrindo precedentes muito negativos à vida dos homossexuais.

Um dos pioneiros biblistas da era cristã a manipular o acontecido em Sodoma foi o historiador Flávio Josefo, ao relatar, sem fonte bíblica, que os sodomitas preferiram os mensageiros de Deus por serem "tão belos e tão apresentáveis" (Josefo, 2011, p. 95). Mais tarde, o imperador romano Justiniano proibiu as relações sexuais com pessoas do mesmo sexo alegando o incidente em Sodoma (Loureiro, 2015, p. 43).

Sodoma é a fonte sagrada dos religiosos pretenciosos e manipuladores. É a fonte das falsificações sutis dos originais, com as quais muita gente despercebida pode concordar, ficando os preconceituosos, geralmente em nome de Deus, livres em suas invenções religiosas extremistas alegando apoio divino. A manipulação do sagrado dos originais para o vernáculo bíblico é fraude. A Bíblia popular é sagrada também.

Um pouco de exame contextual sobre a vida de Abraão e Ló nas planícies de Sodoma resultará em conclusão segura de que Sodoma e Gomorra não foram destruídas por causa seletiva da homossexualidade. Se o texto examinado for restrito somente à parte em que os dois visitantes foram perseguidos na casa de Ló, seria óbvio a conclusão da destruição total daquelas cidades por consequências de intensões sexuais do povo natural de Sodoma. Porém não é isso que a Bíblia diz.

Deus havia previamente planejado a destruição daquelas cidades independentemente de avisar Ló e sua família. Abraão, sabedor do que iria acontecer, pediu a Deus insistentemente que livrasse o seu parente que vivia em Sodoma e Deus, atendendo as suas solicitações, ordenou aos anjos – os dois mensageiros – que avisassem a Ló para que saísse de lá.

Decretos semelhantes ao do imperador Justiniano, séculos mais tarde, foram aclamados pela Santa Inquisição em vários locais como justificativas para eliminar homossexuais. Em Portugal eram queimados vivos por alegação de que "... as cidades de Sodoma e Gomorra foram destruídas devido às práticas repulsivas dos homossexuais" (Gomes, 2015, p. 13).

Quanto a Ló, Deus, sabendo que suas ricas propriedades estavam acima do zelo espiritual, não o pouparia desse descuido. O desespero de Ló ao ver seus bens ficando para trás fez com que saísse arrastado pelas mãos dos anjos. Se os anjos não tivessem estado em Sodoma, o fogo teria destruído aquelas cidades com Ló e toda a sua família do mesmo jeito, sem os incidentes com aqueles galerosos, motivos pelos quais foi gerada toda a polêmica batizada de sodomia.

Ló foi salvo pela desesperada oração do seu tio Abraão junto a Deus. O reconhecimento de Ló sobre a existência de Deus em meio aos sodomitas incrédulos e perversos era inegável, porém tinha algumas inclinações negativas semelhantes as de seus vizinhos. Vários incidentes de caráter duvidosos revelaram uma índole pouco espiritual nele. A escandalosa oferta de suas duas filhas para serem abusadas pelos sodomitas foi cruel, chamando a atenção para a virgindade delas. Percebemos nesse detalhe que a cultura dessa cidade estava longe de ser destacada por homossexualidade generalizada. (Gênesis 19:7 e 8).

E não foi preciso. Os próprios anjos impediram a macabra hospitalidade de Ló, salvando as meninas. Cego espiritualmente, Ló não identificou aqueles visitantes como uma providência divina. Ao desmerecer suas filhas oferecendo-as aos abusadores endoidecidos, banalizou o respeito a Deus. A hospitalidade no Oriente Médio é tão séria que pode levar a extremos, uma vez que a integridade do hóspede é de inteira responsabilidade do dono da casa. Porém, destruir a honra de suas filhas prestes a se casarem foi injustificável. Ló tentou livrar-se de uma barbaridade praticando outra barbaridade.

O comportamento insolente da mulher de Ló também não foi poupado por Deus. Ao deixar sua casa foi avisada a não olhar para trás enquanto estivesse fugindo, porém chateada ao abandonar as benesses da cidade, desobedeceu justamente no momento da explosão de Sodoma. Tudo indica que ela não quis acompanhar seu esposo enquanto ele era arrastado pelas mãos dos anjos. Ao ficar para trás, uma nuvem incandescente estatelou-a como uma estátua de sal, observada por Moisés.

Alguns arqueólogos admitem que o Mar Morto situa-se no local em que antes era a cidade de Sodoma, no entanto não é referido com essa identificação na Bíblia. Somente nos dois primeiros séculos do cristianismo obteve esse nome, mas Moisés identificava-o como Mar Salgado e Mar de Arabá da mesma forma que em II Reis 14:25. Josué também o chamou de Mar Salgado; já Joel e Zacarias de Mar Oriental.

Sua área, em constante modificação, atualmente mede, em números redondos, 1.000 Km². De acordo com estudos geológicos, essa região tem grandes jazidas de sal, além de enxofre e petróleo. Uma imensa cratera criada pela explosão foi inundada com as águas de pequenos córregos e do sagrado rio Jordão. Como o lago formou-se em meio a uma imensa jazida de sal, sua água é a mais salgada do mundo. Muitas colunas de sal são verificadas às margens do Mar Morto, atualmente apelidadas pelos turistas de "esposas de Ló", relembrando Moisés.

Isaias deu início as suas pregações quando Sodoma e Gomorra já estavam desaparecidas há séculos, mas na abertura de suas profecias usou justamente o exemplo ocorrido com aquelas antigas cidades rebeldes para qualificar o povo de sua época. Segundo ele, Deus chamou-os de príncipes de Sodoma indagando "de que me serve a multidão do vosso sacrifício? Já estou farto dos seus holocaustos, pois não me agradam mais" (Isaias 1:10 e 11).

Os novos sodomitas e gomorritas a quem o profeta dirigiu essas palavras eram os povos que cumpriam todos os deveres religiosos com a lei de Moisés vigente, na execução dos holocaustos a Deus, observância dos rituais nas sinagogas e demais cumprimentos sagrados. Porém, toda aquela religiosidade funcionava como uma máscara diante do que exteriormente comportavam-se, como se imunes aos males de Sodoma, apesar de praticá-los.

Dessa forma, por Isaias vimos que os povos de Sodoma continuam vivos e, pelas suas palavras, não são especificamente abusadores de anjos. Os sodomitas religiosos dos tempos do profeta não têm nada a ver com homossexualidade, nem nos tempos antigos, nem nos atuais. A importante ética dessa profecia foi acatada por Cristo e por Paulo, apesar do apóstolo às vezes ser mal compreendido por muitos homossexuais.

No livro de Levíticos, as leis em relação a alguns devotos eram extremas e dolorosas. Certamente, muitas delas seriam necessárias como medidas de prevenção para evitar infecções de doenças contagiosas e alguns praticantes de culturas isoladas que poderiam comprometer o culto diante de Deus. Muitas dessas proibições eram possíveis pelas causas em que o povo no deserto se passava, sem condições sanitárias.

Entre essas leis para o bem geral da comunidade daquela época houve outras de caráter religioso e que ainda são aplicadas em algumas igrejas atuais. Os sacerdotes e seus descendentes daqueles tempos tinham que ser perfeitos fisicamente. Os cegos, coxos, de nariz achatado, corpo desproporcional, pé ou mão quebrada, corcundas, anãos, pessoas com cataratas nos olhos, sarnentos e rendidos, não poderiam oficiar o culto a Deus no Santuário (Levíticos 21:18-21). No entanto, por algumas dessas condições congênitas ou circunstanciais, o cidadão devoto não é responsável. Ninguém deseja nascer corcunda, ser rendido ou cego, porém os nascidos assim eram inaceitáveis entre os sacerdotes e suas gerações.

Tais adoradores, excluídos por conta de suas deformidades indesejadas com certeza sentiam-se num impasse religioso infeliz, por serem impedidos de avançarem em suas convicções e devoções como líderes espirituais. Atualmente vivemos na era da graça por Jesus Cristo, mas o homossexual, da mesma maneira não sendo responsável por sua condição congênita ou circunstancial (apesar da ausência de conflito por essa condição), vive o mesmo sentimento dos deformados dos tempos do êxodo no deserto por conta das condenações aplicadas em algumas igrejas como membro e muito menos como um líder espiritual.

Sendo a palavra homossexual um vocábulo novo, quaisquer referências a esse assunto nos tempos antigos eram resolvidas por meio de termos equivalentes, como fizeram Moisés e Paulo. Quanto a essa questão, Jesus esclarecia tudo muito bem, sem subterfúgios, inclusive, usando os eunucos numa equivalência indiscutível. Da mesma forma, como não houve necessidade de o Salvador convidar alguém de nariz achatado para fazer a "cura" ou fazer algum anão aumentar a estatura para poder servir a Deus, certamente ele não convidaria os excluídos congênitos a serem transformados. Jesus poderia ter usado as palavras referidas à homossexualidade, como μαλακος (*malakos*) ou άρσενοκοῖται (*arsenokoitai*), usadas por Paulo. Com certeza não o fez porque tais palavras seriam inaptas em seu propósito acolhedor (assunto de encerramento do capítulo anterior).

Os atuais comentadores da cidade de Sodoma não têm seguido o comportamento ético do Mestre, que ao fazer referência à destruição daquela cidade não acusou os homossexuais como responsáveis pela ira de Deus. Essa atitude oposta do Mestre aos caluniadores atuais demonstra grande apreço aos homossexuais religiosos, afirmando, assim, que a homossexualidade e a cidade de Sodoma não tinham ligação alguma.

Os preceitos bíblicos estão entre os judeus e os cristãos justamente para auxiliar em determinadas condutas pessoais e, sobretudo, no direcionamento dos rituais religiosos. Entre os não religiosos, a Bíblia é apenas um livro de lendas junto a algumas partes históricas que são aceitas somente com a intervenção da ciência ou comparadas a outros documentos "confiáveis". Para a maioria dos cristãos, a Bíblia é o mais importante livro, não somente como regra de fé e ordem, mas também como ciência e prática do cotidiano. Porém, escrita em um período de dois mil anos e finalizada também há mais de dois mil anos, não podemos seguir os mesmos costumes históricos dos tempos do início do escrito sagrado. A dinâmica da Bíblia nunca entra em conflito com as transformações culturais e, como já vimos anteriormente, nem com a ciência. Por isso entendemos que os que manipulam normas contextuais fazendo das Escrituras Sagradas cartilha para embasar preconceitos baseados em culturas do passado estão blefando diante de suas próprias fraquezas.

Segundo Marilena Chauí (1991, p. 117), ex-secretária de Cultura de São Paulo, esse comportamento é o mesmo que "lançar sobre a vítima o medo, a vergonha e o ressentimento que deviam ser do carrasco". Não nos esqueçamos das palavras de Cristo quando da solicitação de condenação para a mulher surpreendida em adultério pelos fariseus. Assim é com os que usam as cartas de Paulo para fazer da mulher escrava, submissa e inferior ao homem.

Paulo viveu em uma época em que a cultura geral era bem como escreveu em seus livros. Quanto à doutrina referente à homossexualidade, em sua primeira carta aos Coríntios, capítulo 6, versículo 9, o tratamento foi o mesmo referente aos ladrões, bêbados, linguarudos etc., pois estão no mesmo versículo. Se considerarmos os faltosos com o dízimo nas igrejas, por que pontuar os homossexuais inseridos no mesmo versículo? Não chegariam nem perto das centenas de ladrões dentro das igrejas, cantando, orando e pregando. Em Malaquias 3:8, 9 e 10 (Versão Almeida, 1982, p. 889) está escrito que quem não paga o dízimo é ladrão de Deus. Todos esses pecados estão juntos nos mesmos versículos exortadores; por que somente ao homossexual se aplica a lei? Se Paulo tivesse proferido suas recomendações direcionadas somente aos homossexuais – sodomitas e afeminados conforme a maioria das versões –, nesse texto a condenação seria absoluta.

A igreja de Corinto fundada por Paulo era grande, rica e cosmopolita. Tinha o mesmo status da cidade. Mas essa cidade era também perversa. Nos tempos de Paulo havia lá um grande templo dedicado a Afrodite, deusa do amor e da fertilidade. Pelo que se entende nas palavras de Paulo, alguns membros da igreja cristã que ele fundara levaram consigo grande parte dos costumes antes praticados no culto a Afrodite. Entre esses costumes era comum a permissividade de forma geral, porém os escândalos desqualificam quaisquer interesses, tanto entre heterossexuais quanto entre homossexuais ativos – *arsenokoitai*, do grego, e outros passivos ou afeminados, como em *malakos*.

As práticas sexuais ritualísticas nos tempos de Paulo ainda eram comuns não somente em louvor a Afrodite, mas também a outras divindades totalmente opostas a adoradores cristãos. Soma-se a essa acusação o fato de que Paulo, fazendo objeções às práticas heterossexuais em quaisquer circunstâncias, seguramente as fariam também às práticas homossexuais.

Paulo esteve preso em Roma sob o reinado de Nero por causa da sua fé cristã. Cidadão romano, durante a sua vida, Roma esteve sob o império de homossexuais inescrupulosos, quase irreconhecíveis como seres humanos, sendo Nero um dos mais desumanos. Isso marcou muito a vida não somente de Paulo, mas a de qualquer pessoa que prezasse respeito e dignidade cristã.

Desde 63 antes de Cristo, Israel esteve debaixo do domínio de Roma, estendendo por todo o período de consolidação do cristianismo, tendo Jesus passado por difíceis situações por conta desse domínio. Com segurança, os homossexuais do poder na época de Paulo representaram todas as pragas imputadas aos delinquentes de Sodoma, ainda com maior índice de crueldade, somado a um desrespeito sarcástico para com Deus e o ser humano. O espírito negativo daqueles homossexuais imperadores com certeza transformou em estigma, respingando em todos os demais homossexuais da época, mesmo os que não tinham nada a ver com as loucuras vindas dos palácios.

Todos os tiranos são iguais, sejam eles homossexuais ou heterossexuais, só que o domínio de 14 imperadores homossexuais complicados entre os 15 primeiros do Império Romano fariam com que o público cristão não homossexual ficasse desconfiado com os demais homossexuais, incluindo todos no mesmo bojo dos irresponsáveis, instalando a partir daí um preconceito generalizado e insustentável.

Cristo morreu e logo após sua ressurreição seus discípulos continuaram com a pregação do evangelho sob duras perseguições pelos imperadores romanos. Contudo em pouco mais de três séculos houve Constantino. De início, não muito diferente dos demais imperadores, mandou executar centenas de adversários políticos, inclusive Fausta, sua esposa, Crispo, seu próprio filho, e Licídio, seu sobrinho, mas o inimaginável aconteceu. Converteu-se ao cristianismo e mais: desfez muitas mazelas do passado, restaurando os tradicionais locais sagrados dos cristãos em Israel, antes profanados por seus antecessores. Dessa forma, admitimos que se por uma coincidência a maioria dos déspotas de uma nação for identificada num determinado gênero ou casta, isso não significa que os demais do mesmo gênero ou casta sejam todos déspotas.

A defesa para com os homossexuais cristãos atuais está no exemplo do ajustamento de algumas regras para os crentes do passado em consonância com a cultura daquele local e daquela época, mas que atualmente não fazem mais sentido algum. As regras para adoração a Deus entre o povo hebreu no tempo de Moisés, já no segundo milênio antes de Cristo estavam sendo atualizadas de acordo com a realidade presente. O profeta Miqueias chamou a atenção do povo de sua época para a prestação do culto a Deus, bastante semelhante ao que Jesus ensinaria mais tarde:

> Com que me apresentarei ao SENHOR e me inclinarei ante o Deus excelso? Virei perante ele com holocaustos, com bezerros de um ano? Agradar-se-á o SENHOR de milhares de carneiros, de dez mil ribeiros de azeite? Darei o meu primogênito pela minha transgressão, o fruto do meu corpo, pelo pecado da minha alma? Ele te declarou, ó homem, o que é bom e que é o que o SENHOR pede de ti: que pratiques a justiça, e ames a misericórdia, e andes humildemente com o teu Deus (Miquéias 6:6-8; Versão Almeida, 1982, p. 862).

Jesus deu continuidade a essa dinâmica religiosa resumindo todos os mandamentos aplicados aos hebreus em apenas dois quando disse:

> Amarás o SENHOR teu Deus de todo o teu coração, de toda a tua alma e de todo o teu entendimento. Este é o grande e primeiro mandamento. O segundo, semelhante a este, é: Amarás o teu próximo como a ti mesmo. Destes dois

mandamentos dependem toda a Lei e os Profetas (Mateus 22:36-40; Versão Almeida, 1982, p. 30).

Todas as leis cristãs precisam estar em harmonia com Cristo. Muitas recomendações de Paulo estavam embasadas em entendimentos pessoais e não por mandamento. A convicção em seus conceitos religiosos não o poupou das angústias resultantes da abnegação às paixões carnais. Ele relatava ter um espinho na carne[15] identificado nas fraquezas que o perturbavam constantemente. Entre as muitas alusões a esse respeito, entendemos que Paulo fez sua escolha pessoal reprimindo extremamente os impulsos das necessidades do organismo, sobretudo os relacionados aos sentimentos. Ele se submeteu a essa reclusão carnal, como não faria a seus comandados? Foi uma posição extrema e paradoxal, pois, segundo ele mesmo, orou três vezes para libertar-se de tais sofrimentos, mas Deus não o atendeu.

Vale salientar aqui que Deus não atender aos pedidos de Paulo indica que seus sacrifícios eram extremamente pessoais, podendo ser seguidos por outros, não como mandamentos, e, assim, não sendo punidos os que não os seguissem. Muitas particularidades religiosas servem como enlevo espiritual para justificar a fé somente entre o crente e Deus. No caso de Paulo, seus conselhos para que os solteiros fugissem do casamento são muito pessoais – estão nas raias da misogamia.

Na carta que escreveu aos romanos, capítulo primeiro, a partir do versículo 24, ele faz uma dura condenação aos homossexuais daquela cidade, dentro dos conceitos da ética que propagava, e não poderia ser diferente, já

---

[15] Um espinho na carne (II Cor. 12:7). Muitos comentaristas bíblicos admitem ser uma doença crônica ou intermitente. Há quem adianta até uma insistente malária. O mais provável é que enxergava pouco, pois precisava da ajuda de um escriba de nome Tércio (Romanos 16:22), e quando insistia em escrever do seu próprio punho, escrevia com "letras grandes" (Gálatas 6:11). Mas se houve doenças na vida de Paulo, de acordo com o contexto expresso na Bíblia, não podem ser consideradas fraquezas. Portanto não houve motivos que o inibissem a escamotear nenhuma doença, fosse hanseníase, epilepsia ou a estranha malária, constantes da lista de doenças que muitos imaginam. É certo que a Galileia tinha muitos locais alagados, mas somente há notícias de doença de pântano (malária) após o regresso em massa dos judeus a partir de 1948, devido o longo período de abandono da Terra Santa durante a diáspora. Em sua autobiografia – ao contrário das várias opiniões –, Paulo revela ser um homem muito forte e bem de saúde. Em II Coríntios 11:16 a 32, fez uma grande lista de seus sofrimentos, entre eles três naufrágios, apedrejamentos, várias surras, fome, frio, prisões, abandono, fugas perigosas e longas viagens, mas em nenhum momento fez referência a doenças. Com muita segurança, as fraquezas ditas por Paulo referem-se a lutas pessoais contra os impulsos carnais esclarecidos por ele mesmo em um impressionante relato sobre as investidas do pecado mediante constantes desejos (Romanos 7:15 a 25), que voltarei a comentar no próximo capítulo. Paulo morreu aproximadamente em 67 da era cristã. Com o ajuste do calendário gregoriano, ele tinha cerca de 71 anos de idade, e não morreu por consequências de enfermidade – foi executado em Roma. A velhice em pleno vigor da vida prova que doenças nunca foram problemas e muito menos fraquezas em sua vida.

que – como já citado –até para as relações heterossexuais houve objeções de sua parte.

Nesse relato, o homossexual cristão precisa entender todo o capítulo. Mas na Bíblia vimos vários conceitos extremos que foram atribuídos com muita propriedade somente a determinados povos, épocas ou situações, como aconteceu a Moisés em Levíticos, quando disse no deserto: "Não cortareis o cabelo em redondo"(Levítico 19:27, Versão Almeida 1982, p. 125) ou "Não comerás coisa alguma com sangue" (Levítico 17:14, Versão Almeida 1982, p. 123). Nada disso hoje é observado pelos cristãos, pois todos esses mandamentos tinham a finalidade de ajustamento devocional daquele povo e naquela época. No deserto, a caminho da Terra Prometida, nada poderia lembrar a vida de escravidão no Egito. Nem mesmo a culinária de lá.

Com referência aos cristãos de Roma e Corinto, era necessário que eles ficassem distantes do comportamento promíscuo daqueles povos, pois muitos estavam praticando os mesmo costumes comuns aos incrédulos. Caso contrário, o cristianismo seria uma farsa, pois com esses extremos comportamentais entre pagãos e cristãos, como pregar aos pagãos se não existia diferença entre um e outro?

Nas exortações de Paulo em direção àqueles dois povos, ficou evidente que insolentes, soberbos, presunçosos, insensatos, invejosos, ladrões e linguarudos estavam no mesmo patamar dos homossexuais incrédulos, ou seja: diante de Deus são todos iguais, são todos pecadores. A diferença é que abraçando a fé cristã todas essas características da carne (aqui sem moralismo) precisam ser monitoradas e controladas, pois o apego a esses impulsos carnais leva à falência da alma, conduzindo à morte prematura.

O abuso dos atributos divinos presenteados ao homem como dons para o bem-viver, seja no alimentar, no divertir, ou nas manifestações sentimentais, tanto entre homossexuais como heterossexuais, pode desestruturar uma sociedade inteira. O dilúvio sufocou os extremos sentimentais expressados nas manifestações sexuais entre homens e mulheres dos conterrâneos de Noé. Esse assunto continuará conosco, pois Paulo foi o único apóstolo a enfatizar os conflitos da alma do crente, apresentando seus próprios como exemplo e soluções.

Do passado distante até bem pouco tempo atrás, as práticas sexuais causavam sensação de culpa entre muitos adoradores monoteístas. A abstenção sexual era como uma norma de purificação praticada entre os membros da seita judaica dos essênios da época de Cristo enclausurados em

Qumran. Um exemplo dessa consciência foi dado pelo rei Davi quando, em sua oração, disse "Eis que em iniquidade fui formado e em pecado me concebeu minha mãe" (Salmos 51:5; Versão Almeida, 1982, p. 566). Essa posição convida-nos a uma reflexão extraordinária, uma vez que, nas palavras do apóstolo Paulo, Davi foi um "homem segundo o coração de Deus" (Atos 13:22). Assim sendo, Davi tinha condições espirituais para expor o que disse, porém se em iniquidade foi formado e em pecado foi concebido, qual seria o sexo sem pecado? Então não há prática sexual sem pecado e, assim, se a concepção seria uma transgressão, haveria, então, diferença entre homossexualidade e heterossexualidade diante de Deus? Estaria Deus privilegiando os pecadores heterossexuais e condenando os pecadores homossexuais com relação ao sentimento? Seria a prática sexual entre homem e mulher o bom pecado e o sexo homossexual o mau pecado?

Alguns pensadores pioneiros da Igreja Romana, entre eles Agostinho, acalmaram essas declarações de Davi apresentando como defesa o pecado original (Langston 1986), ou seja, ninguém nasce sem o pecado do ato sexual – e é bíblico –, exceto o nascimento virginal de Cristo. Com isso, a não possibilidade do sexo sem pecado defendido por Davi elimina as barreiras de caráter religioso do ato sexual tanto de homossexuais quanto de heterossexuais.

Outro fato impressionante também de cunho sentimental vindo de Davi e que sutilmente em nossos dias tem levantado algum questionamento aconteceu com ele e seu parceiro Jônatas, filho do rei Saul. Entretanto foi o profeta Samuel quem primeiro comentou: "Acabando Davi de falar com Saul, a alma de Jônatas ligou-se com a de Davi, e Jônatas o amou com a sua própria alma" (I Samuel 18:1; Versão Almeida, 1982, p. 305).

A paz que nesses momentos reinava entre Davi e o rei Saul durou pouco. Davi, ainda muito jovem, decapitou o arrogante Golias, e apesar de ter eliminado um grande inimigo de Israel, o rei Saul ficou transtornado de inveja e por isso resolveu matá-lo. Mas movido por esse perigoso amor por Davi, Jônatas secretamente salvou a vida dele várias vezes, evitando que Saul, seu pai, matasse-o. Mais tarde, o próprio Davi confirmou tudo o que o profeta Samuel havia dito sobre ele e Jônatas: "Maravilhoso me era o teu amor, mais maravilhoso do que o amor das mulheres" (II Samuel 1:26; Versão Almeida, 1982, p. 319).

Se esse relacionamento fosse semelhante a uma amizade entre amigos sem elo sentimental, seria identificado com o termo que na língua grega é *philos*. No entanto o amor marcado como "mais maravilhoso que o amor das mulheres" é o amor *Eros*. Amor de ação passional entre duas pessoas, não importando se de sexos opostos ou do mesmo sexo.

Davi poderia, ainda, ter comparado o amor de Jônatas ao amor de mãe ou de pai para filho. Havia várias opções para revelar a proporção daquele amor com grande fidelidade, sem equipará-lo a um amor maior que o das mulheres. Nessa declaração, a reciprocidade sentimental que houve entre Jônatas e Davi foi indiscutivelmente homossexualidade.[16]

O comportamento de Saul com Davi foi uma grande expressão da traição. Davi morava no palácio sob a tutela do rei, que o solicitou ao seu pai. As artimanhas de Saul contra Davi fizeram com que muitas pessoas tentassem ajudá-lo a livrar-se da morte, porém ninguém como Jônatas lutou tanto. Jônatas revelava a Davi todos os planos do seu pai.

Porém, por mais estranho possa parecer, Saul tinha perturbações terríveis e Davi era quem o acalmava, tocando sua harpa numa espécie de musicoterapia. Não fossem as loucuras de Saul, as execuções musicais de Davi no palácio seriam verdadeiros saraus. E foi num desses momentos de descontração que Saul, enlouquecido, desferiu uma lança em direção a Davi e por pouco não o matou. Davi jamais teria se desviado daquela lança, que ficou cravada na parede, se não tivesse sido previamente alertado por Jônatas (I Samuel 19:1-10).

O profeta Samuel confirma a vida de Davi em Israel com um protagonismo divino, tendo Jônatas como um verdadeiro anjo enviado por Deus para cumprimento daquele propósito. A existência atual de Israel deve-se à vida de Davi que, salvo da fúria de Saul, derrotou todos os adversários do país, possibilitando a construção de Jerusalém e o planejamento do grande templo edificado depois por Salomão. É impossível imaginar Israel sem

---

[16] Davi, ao falar com expressividade nesse episódio, expôs toda a iniciativa de um caso de amor vindo da parte de Jônatas e não da parte dele. Dessa forma fica subentendido que se Jônatas não tivesse assumido aquele impulso de inusitada paixão, possivelmente Davi nunca teria conhecimento de tão "maravilhoso amor". O professor americano Paul Russel, na última década do século XX, publicou uma lista composta de uma centena de gays mais importantes da história, com o título de *"GAY 100"* (Castro, 1995, p. 67). Nessa lista, além de constar o nome do eminente teólogo cristão Agostinho – pertencente à galeria dos santos da Igreja Católica –, o escritor incluiu o de Davi e Jônatas. De quando em quando, na literatura em que o enaltecimento da questão homossexual faz-se com a revelação de grandes personalidades gays, o nome de Davi sempre aparece à frente do de Jônatas, indicando nisso um entendimento em que a responsabilidade do ocorrido tenha partido de Davi – o que não aconteceu. Sem sombra de dúvidas, o protagonismo na vida sexual de Davi foi a heterossexualidade. Fora isso, o relacionamento dele com Jônatas foi circunstancialmente momentâneo, sem registros de continuidade na Bíblia. Porém pesa nesse conceito a total ausência de precaução em não se eximir da questão homossexual em suas declarações sentimentais com ênfase na potencialidade daquele amor híbrido.

Jerusalém, símbolo sagrado para judeus e cristãos. Se não fosse a impactante condição sentimental de Jônatas protegendo seu amado Davi contra a perseguição de Saul, ele seria eliminado ainda muito jovem, mudando totalmente o curso da história de Israel, pois além de não existir a magnífica Jerusalém e o grande templo, Jesus teria outra genealogia.

"Portanto, és indesculpável, ó homem, quando julgas, quem quer que sejas; por que, no que julgas a outro, a ti mesmo te condenas; pois praticas as próprias coisas que condenas" (Romanos 2:1). Paulo quis dizer que se o que julga os homossexuais por pecado for faltoso com os dízimos está na mesma condição dos acusados. Se o que julga ao faltoso com os dízimos for insolente, ou linguarudo, ou presunçoso, por que julgar? Não há diferença entre um e outro. Nesse caso, conselho e condenação têm significados opostos.

Quando Cristo disse: "Ouviste o que foi dito: Não adulterarás. Eu, porém, vos digo, que qualquer que atentar numa mulher para a cobiçar, já em seu coração cometeu adultério com ela" (Mateus 5:27 e 28; Versão Almeida, 1982, p. 7), declarou que as leis do cristianismo então resumem-se em somente em amar a Deus de todo o seu entendimento e a seu próximo como a ti mesmo. Para Cristo, olhou para a mulher alheia, sentiu desejo, já pecou. Aqui, o homossexual é tão soberano em sua condição sexual quanto o heterossexual.

Ao falar da iniquidade do nascimento por meio do pecado do ato sexual, Davi faz calar aos que condenam a homossexualidade. Essa realidade impõe a necessidade de estabelecimento de um consenso exegético em nível de padrão internacional para interpretação de algumas palavras bíblicas de conotações ambíguas e polêmicas, a fim de que não haja futuros prejuízos na vida dos seguidores de Cristo. Sem essa determinação muitas palavras ficam sujeitas a parcialidades, com versões voltadas a tendências culturais ou contextuais no momento da tradução e não no contexto do momento ocorrido.[17]

---

[17] Muitas versões da Bíblia com aparentes liberdades literárias e parcialidades denominacionais têm levantado questionamentos quando averiguadas com atenção contextual. A Bíblia é um livro escrito num período de quase dois mil anos, por diversos autores com cultura, capacidade intelectual e formação religiosa diferentes. Cada livro tem uma linguagem de acordo com a origem e a personalidade do autor. A maioria dos salmos foi escrita pelo poeta, guerreiro e estadista Davi e, com sua inspiração profética e sua vocação poética, nenhum dos salmos entra em conflito com sua profissão de fé e a profissão de fé herdada dos patriarcas, ambas em um só Deus. Mas a fidelidade das versões aos originais em hebraico às vezes é desconsiderada em algumas bíblias, como acabamos de discutir. Por exemplo, no salmo n.º 69:1 (Versão Almeida, 1982, p. 574). Davi escreve: "Livra-me ó Deus, pois as águas entraram até à minha alma". A palavra alma em hebraico é נפש (*nefesh*). A maioria das versões

Já brilham algumas luzes dessa atitude em algumas versões, apesar de tímidas manifestações. As mais recentes, entre elas a New International Version (NIV) (Nova Versão Internacional) e a Bíblia de Jerusalém dos católicos, minimizam a homofobia evangélica em relação aos homossexuais atuais diante do ocorrido na Sodoma de Ló, dando significado à palavra kedeshim: *prostitutos sagrados ou prostitutos cultuais*. Em algumas versões desses últimos tempos, essa atribuição parece um consenso: o início de uma preocupação com a fidelidade aos originais sagrados.

Em nosso entendimento, generalizar uma ver*são livre das Sagradas Escrituras é perigoso*. É certo que uma frase comum na Bíblia hebraica, como "os dias dos anos de minha vida", fica melhor reduzida em *minha idade,* assim como muitas outras comunicações de caráter regionais em tempos antigos. Por exemplo, Salomão compara a formosura de uma de suas mulheres amadas à beleza das *éguas de Faraó* (Cantares de Salomão 1:9), e parece melhor deixar como ele mesmo disse, pois fica impossível, em uma versão atual, excluir a palavra *égua ou substitui-la* por gata – atribuição comum em nossos momentos de descontração pessoal –, porque descaracteriza muito o original.

Há, ainda, termos usados na *época e que estão em desuso em algumas línguas* modernas, como o português, e que devido à grande importância dentro do entendimento teológico precisam ser mantidos, mesmo a princípio, com dificuldades de entendimentos para um leigo. A palavra *kedesh* significa santo (sagrado) na prestação de culto a Deus pelos hebreus, e sagrado na prestação de culto aos deuses pag*ãos*. Aqueles que cultuavam o Deus de Israel eram *santos* e aqueles que se entregavam à prostituição em nome dos deuses eram *santos* tamb*ém*, ou *prostitutos sagrados*. A imprecisão na interpretação de algumas palavras da Bíblia tem trazido – como já foi dito – sérios prejuízos para o exercício da fé entre muitos cristãos homossexuais.

---

preserva essa origem, enquanto muitas, a exemplo da vulgata brasileira e a protestante Thompson, substituíram a palavra alma por pescoço, com uma autoridade literária aparentemente racional, pois alguém se afogando com água até o pescoço, em vez de com água até a alma, colocaria a oração melhor entendida. Entretanto isso fica em desacordo com o estado em que Davi encontrava-se no momento em que escrevia o salmo. Um guerreiro acostumado aos pântanos e desertos, caindo num lago com água à altura do pescoço, poderia por si só, com um arremesso do corpo, flutuar e nadar muito bem até a beira. Já com a água até a alma não, pois é um problema que não pode ser resolvido com os braços e, impossibilitado de usar as forças humanas, não há mais o que fazer. Nesse salmo, Davi apelou para que Deus sanasse sua alma. Por isso a oração fervorosa naquele momento de desespero sobre-humano. Alma שפנ (*nefesh*), existente no salmo em questão, substituída por pescoço, ראוצ (*tzavar*), não enriquece a oração de Davi em forma de poesia. A troca das palavras possivelmente em favor da conclusão do raciocínio do leitor desmonta o propósito da oração, além de empobrecer a estrutura espiritual do salmo.

Voltando ao consenso internacional entre os exegetas e teólogos, a palavra *kedesh* jamais seria referida por uns como sodomita e por outros como rapazes escandalosos, fornicadores, afeminados e impuros. Sabemos que há palavras, como *saudade* em português e *self* em inglês, difíceis de uma definição resumida, porém para *kedesh* (sagrado) tais aproximações não as deixam em situações opostas, como ficaram fornicadores em uma versão e afeminados em outra. Eliminaria interpretações opostas dentro do mesmo contexto, como nas versões bíblicas de Almeida (1982) para os protestantes brasileiros e a Vulgata dos católicos.

A analogia de procedência religiosa entre homossexualidade e sodomia (de Sodoma) não existiu no Antigo Testamento nem no tempo de Cristo e seus apóstolos, mesmo após a Sua morte. Paulo, ao usar as expressões gregas *arsenokoitai*, como qualidade daquele que é ativo, pelos tradutores, para sodomita, e *malakos*, como macio ao tato, traduzido como afeminado (Ankerberg, 1977, p. 71), mostrou-se alheio ao termo.

A convenção da palavra *sodomita* vindo da original קדש (*kedesh*) em santo, sagrado ou separado, surgiu após os tempos bíblicos. Essa analogia agressiva é mais um motivo para os homossexuais cristãos estarem seguros quanto às associações a sua condição sexual ao comportamento dos malucos de Sodoma. Vimos que Cristo encerrou o seu ministério na Terra sem proferir uma palavra sequer contra os homossexuais. Pelo contrário, ao fazer referência aos incrédulos ou a qualquer cidade que por ventura fosse apática ao evangelho, fez questão de trazer à tona a destruição de Sodoma e Gomorra, elucidando as dúvidas quanto a condenações diante do pecado quando de sua presença na Terra: "Em verdade vos digo que menos rigor haverá para Sodoma e Gomorra, no Dia do Juízo, do que para aquela cidade" (Mateus 10:15; Versão Almeida, 1982, p. 13).

Mais adiante, em seus ensinamentos, a importante cidade de Cafarnaum, às margens do Mar da Galileia, teve a mesma comparação, alertando-a para estágios pecaminosos acima dos de Sodoma. Em outras palavras, Cristo demonstrou que se em Sodoma o desrespeito ao Criador foi daquela magnitude, maiores eram os pecados de Cafarnaum. É o apontar do dedo para os outros sem examinar a si próprio. Com isso, a palavra sodomita associada à palavra homossexual é terminantemente imprópria.

Essa palavra é a expressão máxima do preconceito e da difamação, já que está ligada a um ato de delinquência. Nada mais insuportável para um homossexual cristão é ser identificado com uma prática de blasfêmia contra os mensageiros de Deus ameaçados de estupro por um bando de galerosos. Nesse caso, associar ao homossexual cristão a palavra sodomita com o mesmo sentido de delinque é crime, pois tem sentido pejorativo.

Com efeito, há atos sexuais entre pessoas do mesmo sexo e homossexualidade com sentidos diferentes. Cabe, aqui, usar os acontecimentos ocorridos a esse respeito como testemunhas em favor da própria definição. Se em Sodoma os galerosos tentaram praticar sexo com os visitantes de Ló apenas para colocar em prática uma retaliação ou uma vingança por não suportarem a presença de aventureiros e estranhos na cidade, a prática do ato, se consumado, não seria por prazer sexual e, sim – reafirmando –, por retaliação ou por uma "lição de moral". Tais atos não seriam de cunho homossexual, seriam práticas executadas por heterossexuais mal-intencionados, usando como ferramenta contundente o ato sexual à força para humilhar os seus desafetos. Vê-se nisso que o estupro difamatório a pessoas do mesmo sexo nem sempre é traduzido em ato por uma necessidade sentimental ou um prazer sexual incontrolado, mas por delinquência, como aconteceu não somente em Sodoma, mas a muitos condenados no passado.

Sem entrar na grande lista de classificação homossexual, destaco aqui apenas um grupo que pratica a prostituição sexual composto só de homens, sendo um dos lados em busca de benefícios financeiros. Na ausência de alternativa profissional, muitos submetem-se à prática de sexo com outros homens apenas em busca de sobrevivência. Alguns até com família estabelecida exercem a prostituição ativa nessas circunstâncias, mas ao encontrarem uma ocupação satisfatória, vários abandonam tais práticas, indicando insatisfações.

A prostituição masculina impõe-se de várias maneiras, de acordo com as pretensões ou nível cultural do praticante. Da mesma forma em que algumas mulheres usam seus dotes sexuais para galgar promoções, ostentações ou conseguir algum dinheiro com práticas sexuais sem afinidades sentimentais recíprocas com os parceiros, há homens com o mesmo objetivo, apenas por interesse em adquirir benefícios usando seus préstimos sexuais com outros homens. É uma prática em menor escala se comparada à prostituição heterossexual, porém não diferentes uma da outra, pois de um lado há um profissional oferecendo seus serviços e do outro lado um cliente disposto a pagar pela aventura.

Entre os delinquentes, o uso dessa estrutura comportamental é melhor visível, pois são muitos os casos de mulheres e homossexuais mortos pelo mesmo psicopata após o ato sexual, numa demonstração de que o praticante não tem preferência pelo sexo e, sim, pela prática. São atos que perante a determinação contextual não pertencem ao conceito de homossexualidade.

Partindo do princípio ocorrido em Sodoma, de que os homens daquela cidade ameaçaram violentar sexualmente outros homens, seguimos aqui a convicção de que o ato sexual com pessoas do mesmo sexo fora dos padrões sentimentais não é homossexualidade, e em alguns casos pode ser um ato praticado por psicopatas, por reações de malfeitores ou por vingança, com propósito da humilhação. Sodoma foi o exemplo mais autêntico dessa realidade, de que o entendimento, de acordo com as palavras da Bíblia, na manifestação daqueles homens, mostra que eles não eram homossexuais, mas sim, xenófobos heterossexuais usando o terror como ameaça numa ação de vingança.

Dante Alighieri, no Inferno de sua *Divina Comédia*, fez alusão a Sodoma e, apesar de sem classificar seus habitantes de homossexuais, atribuiu a Deus a responsabilidade de estigmatizar aqueles delinquentes. "... sob a tortura do fogo encontrarás os ímpios, aqueles que contra Deus proferiram iniquidades" (1947, p. 251), e acrescentou que o estigma de Deus alcançará a pecaminosa Sodoma. Diante da analogia feita aos homossexuais com os destruídos em Sodoma, o estigma – nódoa, marca – atual indica preconceito de procedência religiosa.

As observações aos originais sagrados em busca de elucidações para a questão homossexual são muito importantes, libertando vítimas do preconceito e até de pecados inexistentes. Vale voltar ao assunto aqui, numa simples comparação com algumas versões bíblicas, tendo pelo menos a versão de Jerônimo conhecida por Vulgata – Jerônimo, um dos primeiros mestres no nascimento da Igreja –, a protestante do King James, da Inglaterra, e a protestante brasileira de João Ferreira de Almeida. Nelas, tais versões bíblicas são diferentes para o mesmo original referente aos delinquentes de Sodoma.

Vimos aqui que da mesma palavra em hebraico resultou fornicadores, sodomitas, rapazes escândalos e afeminados. A sorrateira apatia à fidelidade aos originais em algumas versões bíblicas tem chamado a atenção até mesmo de quem, por suas convicções religiosas, imaginamos que não se importaria com tais ocorrências. Alguns não cristãos têm-se manifestado de forma lúdica diante de parcialidades duvidosas. "Um professor do Princeton Seminary fazia um aviso semelhante, referindo-se ao velho clichê de que os maiores tesouros da literatura inglesa são Shakespeare e a Bíblia do rei Jaime..." (Wilson, 1996, p. 138).

O "tesouro" de Jaime, sendo uma versão direta do hebraico, acusa o original de pobreza literária, tendo ainda nesse melhoramento de texto possíveis desvios da realidade teológica e que em geral suscitam novos pecados criados principalmente por preconceituosos. A crítica do professor do Princeton Seminary a King James – o rei Jaime do texto – refere-se a ele como fomentador da versão e não como tradutor, ou exegeta. Qualquer um que pressentir parcialidade diante de algumas versões dos originais tem o direito de perscrutar, não em busca de adaptações da Bíblia a seus interesses pessoais, mas após o veredicto sagrado, sustentar os seus conceitos ou submeter-se ao ajuste, à correção, podendo renunciar aos seus caprichos – se forem enganosos – em favor da fé.

O ato da busca da origem do preconceito pode ser apenas para uma defesa pessoal. Muitas dessas determinações podem capacitar ao homossexual cristão à manutenção incondicional da fé. "Quanto maior o número de traduções disponíveis, maior a necessidade de conferir o texto no original" (Scholz, 2004, p. xi). Atenções na autenticidade da versão do Livro Sagrado trazem grandes benefícios para todos aqueles que necessitam das bênçãos do Criador. Voltando às filhas de Ló: "Então saiu Ló, e falou a seus genros, aos que haviam de tomar as suas filhas, e disse: Levantai-vos, saí deste lugar, porque o Senhor há de destruir a cidade. Foi tido, porém por zombador aos olhos de seus genros" (Gênesis 19:14; Versão Almeida, 1982, p. 19).

Sobre esse texto vale uma indagação a respeito dos noivos: Já que zombaram de Ló, eles foram coniventes com aqueles que queriam abusar dos hóspedes. Se assim foi, só podem ter sido destruídos junto aos demais sodomitas, pois além da Bíblia não trazer mais notícias deles, suas noivas, assim que saíram de Sodoma, embebedaram o pai para justificar aquele incesto, alegando não haver mais varões adequados para a manutenção da hereditariedade.

Dessa forma, de acordo com a interpretação viciada de alguns leitores da Bíblia, os genros de Ló não deveriam ser destruídos junto aos sodomitas, pois como futuros maridos heterossexuais – será que eram bissexuais? – estariam livres da "ira divina", porém foram queimados vivos. Com isso, mais uma vez está claro que a cidade foi destruída pela estupidez generalizada dos seus habitantes e não por práticas homossexuais pontuais.

Segundo Isaac Newton "Há mais indícios seguros de autenticidade na Bíblia do que em qualquer história profana" (Halley, 1984, p. 18). A autenticidade da Bíblia sobre fatos históricos ocorridos no mundo antigo sem que qualquer outro livro os tenha registrado há tempos vem sendo trazida a lume para decepção daqueles que, de forma irresponsável, insistem em atribuir lendas aos relatos bíblicos. A veracidade da Bíblia é verificada até por uma inexpressiva e única palavra, como no caso do rei Sargão, ignorado por muito tempo em toda a história da humanidade, exceto no livro de Isaías (20:1).

O relato bíblico da existência de Sargão, reduzido por muitos a um mito criado pelo profeta, incomodou historiadores, religiosos e exegetas por mais de 2.500 anos, até que, em 1842, o arqueólogo francês Paul Emil Botta encontrou soterrado na cidade de Nínive, o centro de uma grande dinastia, com palácios e bibliotecas, ambientes considerados verdadeiros museus, com centenas de objetos de arte e jardins ornados com esculturas majestosas representando touros androcéfalos alados, tudo pertencente ao misterioso Sargão bíblico.

Sodoma, a exemplo de Sargão, não foi um mito como muitos homossexuais revoltados com a Bíblia mal-interpretada pensam que seja. A realidade teológica – e não geológica –, as causas daquela catástrofe, dependem de uma exegese à moda dos arqueólogos isentos de impulsos emocionais, fanatismo ou parcialidades. Para essa determinação é preciso entender que, segundo Steck,

> [...] exegese do Antigo Testamento é o esforço para determinar o sentido histórico, científico e documental dos textos que foram transmitidos... E o faz dentro da esfera histórica de origem do texto, e nas diferentes fases do seu desenvolvimento vétero-testamentário, de modo que na atualidade, o texto manifeste seu caráter histórico. (Steck, 2009, p. 135)

Essas recomendações de Steck poderiam ser rigorosamente observadas nas versões sagradas, pois acredita-se (diante do que se tem verificado) que tais versões deveriam ter a chancelaria editorial somente com aval de exegetas. Nessas versões suspeitas há segredos embutidos, firmados em convenções antigas e mantidos longe do conhecimento do adorador leigo. Versões fraudulentas podem conduzir à apostasia, muitos religiosos adoradores de Cristo.

A propósito: se Sodoma tivesse sido realmente destruída unicamente por consequência dos relacionamentos sexuais entre homens, Deus teve muito mais compaixão do povo daquela cidade que dos compulsivos heterossexuais da época de Noé. Os antediluvianos – com suas práticas de sexo entre homens e mulheres – mortos por afogamento em um prolongado sofrimento de quarenta dias conforme relato bíblico, se comparados aos mortos em Sodoma,[18] que, desaparecidos num piscar de olhos, foram generosamente agraciados por Deus. Com a violência da explosão, que causou a abertura de uma profunda cratera, que atualmente é verificada em forma de fossa tectônica preenchida por um grande lago salgado – o Mar Morto –, a população de Sodoma, apesar da estupidez generalizada diante de Deus, ao contrário dos heterossexuais antediluvianos, desapareceu sem sofrimento.

---

[18] Pesquisas lideradas pelos arqueólogos William Foxwell Albright e M. G. Kyle (Halley, 1984, p. 97) confirmaram a existência de muitos restos de cerâmica e vestígios de construções de uma próspera cidade destruída às margens do Mar Morto entre 2500 e 2000 antes de Cristo. Atualmente, na rodovia que liga a cidade de Jerusalém a Eilat – e que também leva às ruínas de Qumran e ao rochedo de Massada –, algumas placas indicam a possível localização de Sodoma, hoje transformada em um rico balneário com vários hotéis, entre eles o Hotel Lot, em homenagem ao anfitrião dos dois mensageiros de Deus, últimos visitantes da conturbada Sodoma.

3

O APÓSTOLO PAULO E OS HOMOSSEXUAIS CRISTÃOS[19]

A conversão de Paulo foi um dos acontecimentos mais importantes para o cristianismo após a morte de Cristo. Em termos seculares, essa conversão custou caro a sua vida. Foi uma reviravolta tão contundente que o transformou em o homem dos extremos. De judeu fanático passou a ser cristão zeloso. De perseguidor voraz passou a ser cruelmente perseguido. Participou da morte de cristãos e acabou morto por ser cristão. Depois de Cristo – fora Seus atributos divinos –, somente Paulo teve semelhante determinação em favor da remissão dos povos por meio da religião cristã.

Sua conversão ao cristianismo deu-se através de uma visão, na qual Cristo – o centro de suas perseguições –, convocou-o para trabalhar em seu ministério, seguramente como o décimo terceiro discípulo. Surpreso e em meio a um grande temor pelas condições com que seu perseguido interpelou-o, aceitou o convite e de imediato deu início a um paradoxo sem precedentes. A partir daquele momento, juntou-se aos discípulos de Cristo e nas sinagogas de Damasco pregava que Jesus Cristo era realmente o filho de Deus. Os seguidores de Cristo daquela cidade, sem entender o que estava acontecendo, temiam-no, pois achavam que era uma artimanha ele fingir-se de cristão para prendê-los (Atos, capítulo 9; Versão Almeida, 1982).

A aquisição intelectual de Paulo deu-se por meio do importante escriba Raban Gamaliel, antes de sua conversão ao cristianismo. Nascido na cidade de Tarso – atualmente uma região da Turquia –, recebeu de seus pais judeus o nome Saulo. Foi contemporâneo de Cristo, no entanto não há registros na Bíblia de tê-lo encontrado frente a frente.[20] Após a sua con-

---

[19] Este capítulo, dedicado ao Apóstolo Paulo, é, sem dúvida, uma continuação de "A Bíblia e os homossexuais", devido ao fato de o apóstolo ter sido o único escritor no Novo Testamento a enfatizar a homossexualidade entre os cristãos.

[20] Entre os pesquisadores da vida de Paulo não tem havido a mesma opinião quanto ao ano do seu nascimento. Segundo cálculos do biblista Frank Charles Thompson (2007), Paulo nasceu no ano 1 antes de Cristo. Para a Nova Enciclopédia Barsa (1997), ele nasceu no ano 10 da Era Cristã. Seguramente, as ações perseguidoras de

versão, trocou o nome Saulo para Paulo, possivelmente em homenagem a um estimado procônsul conhecido por Sergio Paulo.

Em Pafos, Saulo e Barnabé encontraram-se com Sergio, que os convidou para discutirem sobre a Palavra de Deus. Sergio Paulo, entretanto, estava acompanhado de um falso profeta (um mágico) chamado Elimas, de forma que no momento em que Saulo falava sobre o evangelho, o mágico interferia, desfazendo tudo que era pregado. Saulo, percebendo nisso uma inconveniência, afastou Elimas de maneira enérgica, usando o nome do Senhor Jesus como defesa. Sergio, religioso, conhecedor das profecias de Isaias sobre a vinda do Messias, refletindo nas palavras de Saulo sobre a verdade em que o Messias prometido era realmente Jesus, a partir desse episódio passou a exercer grande influência na vida Saulo (Atos 13:4 a 12). Daí supõe-se o motivo da preferência e, em consequência, a adoção do nome do apóstolo de Cristo, de Saulo para Paulo, por toda a trajetória de sua vida.

Paulo, assim como muitos judeus importantes, era cosmopolita. Judeu de sangue, falava cinco idiomas. Pragmático diante da Lei e depois como cristão, em seu espírito impulsivo, após a sua conversão, deu lugar a momentos de grande comoção aos humildes, desprotegidos pela sociedade, escravos e algumas pessoas que hoje seriam consideradas foras da lei. O que Paulo jamais admitiu foi a idolatria, o exagero comportamental e a prostituição. Infelizmente, as principais notícias de homossexuais de sua época tinham todas essas características negativas.

Foi durante o turbulento período do imperador homossexual Nero que Pedro foi martirizado e, dois anos mais tarde, o próprio Paulo. O grandioso apóstolo de Cristo tinha muitas razões para reprovar os homossexuais de sua época, praticantes de uma conduta cultural insustentável dentro dos conceitos cristãos.

Nos conselhos de Paulo é visível que se os homossexuais de Roma e Corinto não estivessem juntos aos que tinham esses três comportamentos avessos ao cristianismo – a idolatria, o exagero comportamental e a prostituição –, certamente não seriam incluídos entre ladrões, mentirosos, avarentos, maldizentes, linguarudos e desrespeitadores. Os homossexuais referidos em seus textos não foram os homossexuais cristãos que no contexto dos

---

Paulo não coincidiram diretamente com a vida de Cristo em pessoa devido aos desencontros das viagens de ambos, além de o ministério de Cristo ter sido em apenas três anos. Apesar da ação marcante de Cristo entre os judeus, somente após sua morte as mostras do cristianismo passaram a varrer o mundo greco-romano. Foi nesse período que Paulo apresentou-se como repressor do cristianismo.

conselhos de Cristo direcionados à tolerância, com certeza acolheu vários deles (Mateus 19:11 e 12; Versão Almeida, 1982, p. 25).

Muitos cristãos interpretam os textos de Paulo de forma indevida, usando-os para acusar os homossexuais religiosos de rebeldes contra as leis de Deus e dos homens. Entre alguns desses homossexuais acusados atualmente, vários sem experiências na Bíblia para rechaçar seus acusadores, ficam inertes, sem contestar esses irmãos atuantes nas igrejas. Há situações em que, indefesos, abandonam o exercício da fé e refugiam-se no anonimato religioso e até nas bebidas, numa situação de vencidos pelo constrangimento. O julgamento de tais acusadores ao usarem o próprio livro sagrado para impor esses preconceitos – alegando que homossexuais, uma vez dentro de uma igreja, conhecem a Bíblia, mas não a obedecem já que continuam sendo homossexuais – é falso. Os acusados que permanecerem inertes nessas condições estão alimentando seus acusadores. Se não há enfrentamento, continuarão justificando suas inverdades. Ao desistir, o derrotado vai passar a viver distante do convívio religioso, para a alegria daqueles que não concordam em pertencer a uma igreja com a presença de homossexuais. É a vitória do preconceito.

As experiências seculares (cotidiano) de Paulo, dosadas com as bênçãos do cristianismo – aqui, sem nenhuma contradição com sua posição contra os homossexuais de Roma e Corinto –, fez dele um autêntico pastor de almas. Durante a sua primeira prisão em Roma, conheceu um escravo fugitivo de nome Onésimo. Após falar do cristianismo a esse escravo, convenceu-o a voltar para a casa do seu Senhor, conhecido por Filemom, levando uma carta conciliadora pelo próprio escravo. A elevação desse escravo a homem digno, que além de fugitivo tinha dívidas financeiras por furto contra seu proprietário, demonstrou em Paulo um homem incapaz de desqualificar um ser humano por mais contraditório que fosse o momento de sua vida.

Paulo desejava muito ficar com Onésimo, pois lhe seria útil na prisão, porém em respeito ao seu dono, enviou-o de volta e, em sua carta, propôs pagar pelos possíveis danos praticados pelo escravo. É certo que Paulo sabia da idoneidade de Filemom. Se não fosse cristão talvez não liberasse Onésimo, pois sendo escravo fugitivo não teria certeza da integridade da sua pele. Esse comportamento é uma das espetaculares bênçãos da ética de Cristo. Todos somos irmãos. Para os cristãos não há diferença entre senhores e escravos, entre negros e brancos, ricos e pobres e, seguramente, não há diferenças entre homossexuais e heterossexuais. As diferenças identificadas pelo preconceito entre esses extremos não são praticadas por cristãos convictos.

Paulo era um homem atualizado, estava sempre cercado de muitos livros. Suas cartas dão notícias deles seculares, inclusive de poesias (Atos. 17:28). As referências aos opositores de Moisés – Janes e Jambres –, citadas na 2ª carta a Timóteo 3:8, não constam do Pentateuco nem nos demais canônicos. Seriam informações extraídas de livros históricos comuns. Nessa mesma carta, ele solicita a Timóteo trazer os demais livros juntamente à capa de frio que tinham ficado em Trôade (4:13). Curiosamente, esses livros seriam lidos no gelado calabouço de Roma.

Seu amor às informações faz-nos entender que era capacitado a práticas maleáveis e, ao mesmo tempo, irredutíveis, ao relacionar-se com os imprudentes. Contudo foi na carta que escreveu a Filemom para aceitar de volta o escravo fugitivo Onésimo, que expôs um espírito compreensivo, amável e, sobretudo, grande observador da ética de Cristo. Paulo condenou os homossexuais[21] membros das cristãs igrejas da Corinto e Roma, porém nos mesmos capítulos incluiu também todos os heterossexuais dessas mesmas igrejas que praticavam uma série de outros pecados.

Tanto heterossexuais como homossexuais, quando em seus comportamentos sentimentais irracionais identificados no estupro, como em *Sodoma*, na pedofilia e na sexomania, são criminosos. Se reprovados diante da justiça secular, muito mais reprovados serão pela religião. Por esses abusos sexuais acontecidos de igual teor pereceram todos os heterossexuais no dilúvio. Qualquer líder religioso, heterossexual ou homossexual, diante de condições comportamentais em extremos semelhantes a alguns homossexuais crentes membros da igreja fundada por Paulo em Corinto, teria de ser enérgico. Se Paulo não tomasse essa atitude condenatória – mais uma vez voltamos

---

[21] A palavra grega que Paulo usou referente aos afeminados, *malakos*, que originalmente identifica-se com algo delicado ou *self* do inglês (I Coríntios 6:10; Versão Almeida, 1982, p. 194), tem o mesmo sentido quando aplicada à personalidade do eunuco emasculado possuidor de gestos suaves, voz macia e comportamento delicado. Dessa forma, generalizar o homossexual como pecador delituoso contradiz as palavras de Cristo quando fez referência aos eunucos com muita consideração e aprovação (Mateus 19:11 e 12; Versão Almeida, 1982, p. 25). Paulo era consciente da existência de homossexuais genuinamente cristãos e homossexuais que, apesar de pertencerem à igreja cristã, comportavam-se como pagãos. Ao contrário, todos os eunucos abençoados por Cristo seriam amaldiçoados por ele e isso não faz sentido algum. A minha justificativa de que Paulo condenou apenas os homossexuais de comportamento pagão está na inclusão de sua própria pessoa entre os maiores pecadores ao afirmar: "Mas vejo nos meus membros outra lei que batalha contra a lei do meu entendimento e me prende debaixo da lei do pecado que está nos meus membros". Se todos os homossexuais estivessem realmente fora das bênçãos de Deus, Paulo, nessa declaração, estaria no mesmo patamar dos homossexuais, ou seja, estaria condenado também a não herdar o reino dos céus. (Romanos 7:23). Com isso fica clara a existência de pecadores homossexuais crentes e pecadores homossexuais não crentes.

à mesma questão –, como poderia evangelizar aos demais incrédulos se os seus convertidos continuassem com as mesmas caraterísticas dos prostitutos dos templos pagãos comuns naquela época?

Outras questões sobre os conselhos de Paulo dentro daquele reduto cultural, como muitas proibições contidas no Velho Testamento religiosamente, não eram mais necessárias, referem-se aos alimentos. Diante de questões sobre o consumo de carnes de alguns animais proibidos por Moisés ou sacrificadas a ídolos. Paulo deu mostras desse ajustamento cultural ao aconselhar: "Comei de tudo que se vende no açougue sem perguntar nada por causa da consciência" (1ª Coríntios 10:25; Versão Almeida, 1982, p. 199). Em seguida, Paulo foi ainda um pouco além, aconselhando ao crente que se por acaso fosse convidado para um almoço na casa de um não crente, que comesse de tudo o que lhe fosse oferecido (versículo 27).

Tais recomendações podem ter sido geradas no fato de que naquela época, carnes sacrificadas a ídolos eram desviadas e vendidas no mercado. A preocupação dos cristãos em comê-las enganados era um transtorno dosado dos falatórios entre os fariseus. Porém verificamos nessa atitude de Paulo a resolução não somente das carnes sacrificadas a ídolos, mas nesse bojo as carnes de porco e demais animais proibidos no Pentateuco. Todas essas recomendações foram extraídas dos conselhos de Cristo e que, se fossem apresentadas no tempo dos hebreus no deserto, tanto Cristo como Paulo seriam apedrejados sob acusação de blasfemos.

Lembremos, ainda, que além desses extremos, atualmente, entre algumas denominações cristãs, essas recomendações de Cristo e de Paulo seriam impossíveis, principalmente quanto à bebida. Vê-se nisso que os embates de tais proibições são muito mais devido a ajustes culturais do que pela falta de cumprimento de regras religiosas racionais. A ética de Cristo salvaguarda os ajustes culturais tanto a homossexuais quanto a heterossexuais cristãos. Com as recomendações de Paulo a respeito das normas alimentares diferentes das normas dos judeus no deserto, ele deu mostras dessa compreensão. Quanto à manifestação de repulsa aos abusos sexuais de sua época, os exageros trazidos da cultura pagã, principalmente entre os homossexuais cristãos da Igreja de Roma e Corinto – relembro –, seriam rechaçados por qualquer líder cristão atual sem preconceito comprometido com o propósito religioso.

Os conselhos espirituais aos fiéis são necessários, mas Cristo é o advogado. Se não fosse Cristo, o pecador viveria um desconforto semelhante a um paciente que por alimentar-se de forma compulsiva fosse submetido a um terapeuta glutão. O que se admite nisso é que um crente mais firme possa ajudar a um necessitado sem ser considerado superior. Um ser equilibrado em sua alimentação pode aconselhar um comedor compulsivo – um comilão –, a alimentar-se melhor. Porém ambos precisam comer. O alimento do corpo, seja a comida, bebida, paixão ou diversão, está sempre no limiar do pecado. Ninguém está livre dele. Para viver é preciso alimentar-se, assim como todo ser humano, ao nascer, já nasce do pecado, como disse Davi no Salmo 51:5.

Se alguém fosse capaz de por si mesmo livrar-se dessas necessidades da carne não haveria motivos para Deus ter descido à Terra em forma de homem para salvação de sua criação. "Graças a Deus por Jesus Cristo, nosso Senhor. De maneira que eu, de mim mesmo, com a mente, sou escravo da lei de Deus, mas, segundo a carne, da lei do pecado" (Romanos 7:25). Por mais contraditório que possa parecer, depois das palavras de Cristo vem as de Paulo como grandes fortalecedoras da fé do homossexual. Com esses consolos, faz-se necessário admitir que diante da diversidade de opiniões religiosas, a fé, apesar de pessoal, precisa ser defendida com intrepidez, pois somente dizer que crer é insuficiente. Paulo fez isso apresentando suas condições de pecador confesso.

A busca pela lucidez da cultura espiritual concederá ao fiel proatividade defensiva diante dos contrários. É preciso estar preparado para enfrentar os acusadores. A fé do homossexual pode não ser diferente da fé de qualquer religioso, porém na perspicácia de um perseguidor, a falta de argumentos substanciais para justificativa da fé do perseguido pode fortalecer mais ainda as palavras do acusador.

As palavras de Paulo proferidas contra ele mesmo são uma lição desmanteladora do conceito de purificação de alguns cristãos que se consideram acima de quaisquer pecadores. O detalhamento apresentado aos seus pecados justamente na carta enviada aos romanos, que inicia falando da condição homossexual tanto entre homens como entre mulheres, ele fez com muita propriedade, pois apesar de recomendar prudência diante das paixões carnais, incluiu a si mesmo entre os pecadores apaixonados (Romanos 7:15, 17, 20 a 25).

Está claro que a interpretação indevida das referências bíblicas sobre Sodoma, Roma e Corinto tem sido a maior causa de abandono da profissão de fé de muitos homossexuais. Os nascidos em lares cristãos evangélicos conhecem bem o texto de Paulo aos romanos, capítulo um. Conhecem bem porque grande parte dos pregadores somente enxerga os homossexuais e esquece que nesse mesmo texto estão os pecados de todos, incluindo os heterossexuais. Paulo não privilegiou ninguém como muitos pregadores pensam. No mesmo capítulo que falou aos homossexuais, falou a todos que praticam

> [...] iniquidades, prostituição, malícia, avareza, maldade, inveja, homicídio, contenda, engano e malignidade". Continuando: [...] murmuradores, detratores, aborrecedores de Deus, injuriadores, soberbos, presunçosos, inventores de males, desobedientes aos pais e as mães; Néscios, infiéis nos contratos, sem afeição natural, irreconhecíveis, sem misericórdia; (Romanos 1: 29,30).

Não há cristão capaz de viver sem os pecados relacionados por Paulo. Essa longa lista de pecados preparada pelo apóstolo foi proposital, a fim de não deixar ninguém acima do outro. Qualquer ser humano tem a sua disposição mecanismos racionais para a prática da autoavaliação, autocontrole ou domínio próprio. Quando esses mecanismos são negligenciados e o comportamento do ser, religioso ou não, evolui a estágio de periculosidade perante o próximo, causa danos à sociedade; e já vimos que a justiça institucional é responsável pelas devidas providências.

Mediante essa realidade, o homossexual cristão não pode abandonar a fé em Deus por causa da sua condição sexual, pois a homossexualidade não é pecado. O dia em que os próprios homossexuais romperem as barreiras entre sexo e religião viverão melhor. Todos entenderão que eles nascem assim (os predestinados), nascem dentro do propósito do Eterno. Entenderão que aqueles que afetivamente completam-se como homossexuais são o mesmo que os heterossexuais. Segundo a psicanalista Maria Rita Kehl, vencedora do prêmio Jabuti de Literatura, "... para a psicanálise nós não escolhemos nossa sexualidade, ela é que nos escolhe" (Kehl, 2015, p. 39).

O pastor batista Billy Graham, fazendo referência à forma congênita do ser humano, usou as conclusões do Dr. Wilbur Smith com bases profundamente científicas para embasamento teológico, semelhante às proferidas por Davi no Salmo 139: "Quando nós nascemos já estão determinados nosso sexo e a estrutura básica de nosso corpo. Não há dúvida de que nosso temperamento, nossas capacidades, nossos hábitos e inclinações, tudo isso trazemos do nascimento, o mesmo, acontecendo à nossa aparência" (Graham, entre 1965 e 1978, p. 11).

Sendo o mesmo Deus de ontem à frente da condução dos hebreus do Egito para a Terra Prometida, atuou com mão forte por meio de normas dadas como disciplina. Se não fosse assim, Israel não retornaria, seria extinto pelos faraós. Como Deus-Emanuel na era atual, veio atuar justamente no meio dos hebreus na atual Terra Prometida. Já havia se passado mais de dois mil anos que os hebreus tinham saído do Egito e as regras para aquela viagem ainda estavam desnecessariamente sendo observadas. Desnecessariamente, pois o povo já não estava mais em fuga no deserto. Jesus, ali, era o Deus presente e precisava mostrar que o ambiente era diferente. O culto estava livre. A lei – "olho por olho, dente por dente" – já não era mais necessária com o Supremo Deus em Terra.

Desde então, o tempo é o da graça. Com o culto dos judeus mecanizado, não importando a condição em que estivesse diante de Deus, maltratar os escravos, fazer do templo praça de mercadores, praticar o apedrejamento, falsos julgamentos, a hipocrisia..., desde que guardassem o sétimo dia, praticassem o jejum, dessem o dízimo, tudo estaria bem diante de Deus. No entanto Jesus sabia que aquele povo, através daquelas normas, de forma alguma adorava. Tais normas e proibições inerentes ao rito eram práticas que se mostravam acima do respeito ao próprio Criador e, dessa maneira, não sendo culto, para que serviria o rito?

Então, a partir daí, Jesus mostrou seu ministério começando a destruir tais formalidades desnecessárias. Ao curar um paraplégico no sétimo dia e ainda mandar que carregasse sua cama cometeu uma prática abominável para os religiosos judeus. Veja em que situação as tradições culturais mescladas à religião estavam. Assim era o rito devocional daquele povo. Jesus, porém cumpria seu ministério independentemente da dificuldade de entendimento dos fariseus e demais seitas religiosas judaicas, pois eram duros de coração, como Jesus mesmo disse.

A apresentação do Sermão do Monte demonstrou a que teria vindo ao mundo. Quando morreu, sua ressurreição causou grande alegria aos cristãos – por sinal, alguns estavam reunidos nesse dia. Outras vezes, voltou nesse mesmo dia dando a entender que qualquer dia é dia de agradecer e louvar ao Deus supremo, assim como o desrespeito a Deus é profanação em qualquer dia.

Jesus reestabeleceu o culto de acordo com a condição em que aquele povo vivia. Agora o povo estava livre, não importando se judeu, grego, romano, egípcio, etíope etc. Ele veio para todos na condição em que foram nascidos ou condicionados. Pretos, brancos, pobres, ricos, em quaisquer condições sexuais, todos podem ser filhos de Deus executando a prática da adoração autêntica. Exigir de um homossexual transformar-se em heterossexual para poder louvar a Deus é irracional e, sobretudo, anticristão.

Muitos intolerantes querem justificar seus conceitos apresentando o ato sexual dado por Deus apenas com o objetivo de procriação. A procriação é divina. Deus deixou claro que sem ela a humanidade não prosseguiria. Há governos na Europa que se não fomentarem o aumento da natalidade, raças milenares poderão desaparecer, pois já estão ameaçadas de extinção, porém o outro lado é desaconselhável. Nesse caso, o equilíbrio é a regra, não sendo a procriação absoluta generalizada entre humanos. Além da preservação das raças, o ato sexual para procriação é verificado por várias razões. Uma delas – com finalidades financeiras houve nas senzalas brasileiras —, tão importante, que alguns escravos do sexo masculino tinham suas atividades profissionais unicamente como procriadores.

A infertilidade era um mal presságio, pois quanto maior o número de partos nas senzalas, maior era a satisfação na casa grande dos proprietários. Já nos quilombos – onde os negros viviam livres dos seus donos –, os escravos fugitivos não tinham o dever de procriar, exceto entre os hebreus que, tanto confinados em trabalhos forçados ou como fugitivos, tinham como consenso a procriação.

Desde os tempos bíblicos houve muitos momentos em que a procriação fomentada foi crucial para a salvação de vários povos. Nessa situação esteve o povo hebreu no deserto a caminho de Israel. Deus precisava de gente para povoar e defender a Terra Prometida, e a partir da promessa feita a Abraão, nem mesmo a ejaculação sem fins de procriação era permitida (Gênesis 38:1-10; Versão Almeida, 1982, p. 41). Antes disso, quando Israel ainda estava no Egito, o escravo José foi responsável pela salvaguarda de todo o povo judeu que conhecemos atualmente. E isso devido à conscientização da necessidade da procriação. Faraó ficou intrigado com o grande número de nascimentos entre aquele povo escravo (Êxodo 1:15 a 22; Versão Almeida, 1982 p. 57).

A procriação entre o povo hebreu não era um conselho, era um decreto sob penas duras em caso de descumprimento, situação difícil para uma mulher que por acaso fosse impedida de ter filhos por problemas de saúde ou por infertilidade congênita: "Não haverá alguma que aborte, nem estéril na tua terra" (Êxodo 23:26; Versão Almeida, 1982, p. 81). E Deus continuou insistindo: "Tomai mulheres e gerai filhos, e tomai mulheres para vossos filhos e dai vossas filhas a maridos, para que tenham filhos e filhas; e multiplicai-vos ali e não vos diminuais" (Jeremias 29:6; Versão Almeida, 1982, p. 735).

Porém a procriação mais importante para a humanidade foi com Adão e Eva. Em outra época, antes de Israel existir, assim que o dilúvio sessou, Deus deu a Noé e seus parentes a mesma ordem dada ao casal no Éden: "Frutificai e multiplicai-vos e enchei a terra" (Gênesis 9: 1; Versão Almeida, 1982, p. 9). E ainda reiterou no mesmo texto "Mas vós frutificai e multiplicai-vos; povoai abundantemente a terra, e multiplicai-vos nela" (Versículo 7).

A humilhação da escravidão pode levar grandes povos à extinção. Muitas raças de índios no Amazonas, como a dos tarumãs, a mais importante etnia que viveu onde hoje é a cidade de Manaus, foi extinta devido à fadiga da escravidão. Um forte indicador dessa extinção é que entre muitos povos escravizados a procriação é desestimulada devido à ausência de perspectivas de sobrevivência. Contudo, com os hebreus, em vários momentos de escravidão aconteceu ao contrário.

Já vimos que na Babilônia a procriação foi a senha da certeza da liberdade, uma tarefa tão racional quanto nobre. O testemunho daquela determinação de retorno a Sião não deixa dúvidas:

> Junto aos rios da Babilônia nos assentamos e choramos lembrando-nos de Sião. Nos salgueiros, que há no meio dela, penduramos as nossas harpas, porquanto aqueles que nos levaram cativos, nos pediam uma canção; e os que nos destruíram, que os alegrássemos, dizendo: Cante-nos um dos cânticos de Sião. Mas como entoaremos o cântico do Senhor em terra estranha? (Salmo 137:1 a 4).

Após 70 anos de sofrimento na Babilônia, dos 50 mil que retornaram a Jerusalém (Sião), quase todos foram procriados durante a escravidão. Com os relatos bíblicos da necessidade urgente de crescimento da população de Israel por meio da natalidade, a procriação tem sido um dos principais meios para condenação aos homossexuais, acusados de desrespeito a Deus. Afirmam que a única finalidade do ato sexual é a procriação quando, na verdade, os textos sagrados referidos são claros diante dos motivos de tais recomendações.

Seguramente, havendo homossexuais ou emasculados no meio do povo escravizado na Babilônia, suas atividades como eunucos foram divinamente providenciadas. E não foram poucos os adoradores a Deus com grande convicção nessa condição afirmada pelo próprio Cristo. Os eunucos (emasculados) não procriavam. Alguns funcionários não emasculados dos antigos palácios, de forma generalizada são identificados como eunucos, porém a autenticidade da palavra só se completa diante da emasculação. Com essas certezas bíblicas, os que sustentam que o homossexual cristão tem de rasgar algumas páginas da Bíblia para assegurar adoração e fidelidade diante de Deus sendo homossexual, estão enganados.

Sobre a fidelidade devocional a Deus, o dia específico para adoração no Êxodo foi o quarto mandamento, porém poucos observam isso. Alguns tentam, como se estivessem cumprindo ordem, outros como enlevo espiritual. Muitos entendem que esse mandamento foi dado a Israel de maneira específica e pontual quando da fuga do Egito. No Israel de hoje, o dia de descanso semanal é justamente o sábado dos Dez Mandamentos, porém o Estado precisa manter os serviços essenciais nesse dia, remunerando outras pessoas para fazê-los, ficando, dessa forma, o mandamento descumprido em ambos os lados. No entanto grandes segmentos cristãos sentem-se seguros biblicamente no cumprimento dessa ordem sem a especificação do dia de adoração, apesar de o dia marco da ressurreição de Cristo ter sido mais destacado como O Dia do Senhor.

Esse procedimento religioso não significa adaptar a Bíblia (rasgar algumas páginas) para poder praticar a devida adoração. Cristo fez vários comentários sobre a observância do dia de adoração, assegurando conforto. Porém percebe-se que a valorização tradicional na prestação do culto a Deus no sétimo dia da semana é nobre. Nobre como enlevo espiritual, determinação cultural e tradição cultural. Quanto ao dia da ressurreição de Cristo, traz segurança devocional para os que o guardam, assim para os que não guardam, dando a entender que o comportamento religioso do crente precisa seguir conforme os impulsos culturais. Um exemplo disso é imaginar em dias atuais Emmanuel Macron, da França, em trajes de Luiz XV, ou Lula na indumentária de Deodoro da Fonseca, e verá que estariam mais para manequins de museu ou em uma representação folclórica. Para a jornalista Miriam Leitão (1997, p. 45):

> Num mundo de incertezas e imprecisões, a Bíblia não é um guia de costumes, como muitos concluem erradamente. Eles mudam. Salomão, com suas mulheres, seria um pecador nos tempos da monogamia. As discussões contemporâneas sobre divórcio e controle de natalidade vão passar, como

> passaram antigos dilemas. [...] O conflito entre o legal e o ético acompanhará o ser humano e estará na origem dos debates que produzem a evolução e aperfeiçoamento das leis.

Quando Mirian Leitão proferiu essas palavras em 1997, o div*ó*rcio e o controle de natalidade estavam no auge das discussões. Hoje essas questões já saíram de cena e são atitudes normais inerentes ao cotidiano.

A reação do apóstolo Paulo contra os homossexuais de Corinto e Roma não foi homofobia. Notadamente, uma liderança religiosa diante de qualquer abuso comportamental de seus liderados precisa reagir energicamente para a manutenção do equilíbrio, caso contrário os esforços são inúteis.

A imediata reavaliação religiosa de Paulo logo após a sua conversão ao cristianismo dá-nos uma posição significativa de seu entendimento quanto a conceitos culturais do passado diante dos ensinamentos de Cristo. Seus novos conselhos referentes à alimentação, como já citado, apresentam uma guinada contundente diante do que era pouco antes quando fariseu, pois tais alimentos seriam intragáveis antes de sua conversão ao cristianismo. Apesar dessa grande transformação, em sua época era impossível impedir a manutenção de conceitos culturais e religiosos atribuídos ao sexo feminino e incompatíveis nos dias de hoje, mas impregnados na vida dos judeus.

Em suas cartas de exortações enviadas à complicada igreja de Corinto, em vários trechos deixou claro que a mulher é submissa ao homem e, mais, o homem é quem tem prioridade diante de Deus no culto, quando ordenou que "a mulher esteja calada na igreja", ficando o culto, assim, como responsabilidade exclusiva de pessoas do sexo masculino. Apesar disso, as opiniões pessoais de Paulo impõem valores sagrados aos seus escritos – exemplos históricos daqueles tempos aos fiéis dos dias atuais –, desde que algumas normas de caráter cultural sejam observadas quando incompatíveis com o presente. E é o que temos visto em quase todas as igrejas cristãs de hoje ao acatarem o direito de adoração a Deus de acordo com as recomendações de Cristo.

A letra paulina é viva e eficaz. É necessária como justificativa, para que neste momento, em que algumas alas da Igreja Católica fomentam o episcopado feminino, não acirra dúvidas sobre o valor da mulher nos cultos ou qualquer exercício pastoral no clero. Sem acatar essa ética cristã em troca de leis culturais do passado, o papel feminino atual na Igreja teria como principal participação a audição em silêncio total (Paulo, em sua I Carta aos Coríntios 14:34 e 35; Versão Almeida, 1982 p. 203).

4
HOMOSSEXUALIDADE CONGÊNITA E CIRCUNSTANCIAL

A questão sexual humana tem-se manifestado de maneira que na concepção não há definição sexual do ser humano, vindo a manifestar-se como macho ou fêmea durante a gestação, sendo os órgãos genitais, a princípio, os indicadores dessa classificação. Apesar desse princípio, tais condições norteadoras do sexo nem sempre conduzem a um pressuposto, podendo o gênero de um recém-nascido não corresponder ao sexo biologicamente indicado, podendo ser congenitamente homossexual ou assexuado.

Essa manifestação sexual congênita é muito comum, porém não podemos nos esquecer das exceções de que na homossexualidade, tal comportamento pode ser também por vias das circunstâncias. Vimos que a psicanálise e a psicologia apresentam várias condições para o aparecimento tardio de comportamento homossexual em determinadas pessoas. Tais condições são circunstanciais, pois vieram depois.

Ao apresentar justificativas responsáveis para uma possível mudança, como a cultura, a sedução ou ausência de parceiros do sexo oposto, admite-se que um ser, a princípio identificado como heterossexual, pode apresentar, pela imposição das circunstâncias, comportamento homossexual. Por outro lado, uma pessoa pode ter nascido homossexual, mas por exigência da cultura, comporta-se como heterossexual, corrigindo isso depois por não conseguir manter essa condição. Em resumo, os congênitos homossexuais são assim desde o nascimento, os tardios são por questões circunstanciais.

Segundo a cientista Lygia da Veiga Pereira (2005, p. 88), "o famoso gene da homossexualidade até hoje não foi completamente identificado, e mesmo assim, se de fato existir, parece estar envolvido somente em alguns casos de homossexualidade". Esse comentário chama a atenção, uma vez que em todos os genes citados na pesquisa da cientista, o atribuído à homossexualidade é o único referido como "famoso", indicando objeto de acirradas pesquisas entre os cientistas. A suposição que "se de fato existir, possivelmente terá efeito somente em alguns casos de homossexualidade", indica a existência tanto de homossexuais como de heterossexuais por circunstâncias, independentemente da existência do gene ou não.

O fato é que se for comprovada a existência do gene, os homossexuais religiosos terão um grande aliado científico, pois isso confirma as palavras de Davi no Salmo 139, sobre a proposição biológica iniciada na eternidade (predestinação). Com isso, mesmo sem a confirmação do gene, a homossexualidade congênita é uma realidade.

Jesus Cristo adiantou essa ciência com a primeira referência de comportamento sexual fora da heterossexualidade por consequências biológicas, e que se aplica à homossexualidade congênita, pois os eunucos de nascença referidos por Ele são compatíveis com os homossexuais congênitos. Eles têm o mesmo conceito, uma vez que os verdadeiros eunucos são emasculados, semelhantemente aos comentados por Cristo; eles não exercem a heterossexualidade.

Quanto à circunstancial, em vários homossexuais ela é processada de forma inevitável, seja de caráter psicológico ou não, imputada após o nascimento. Entendemos que dentro desses fatores, as circunstâncias acondicionam o ser a determinismos biológicos comportamentais irreversíveis e, a partir daí, uma pessoa que antes se comportava como heterossexual poderá exercer a homossexualidade dentro dos mesmos parâmetros dos congênitos. Esse acondicionamento biológico circunstancial é semelhante em casos de crianças e adolescentes que ao serem levadas para países de costumes diferentes dos seus *habitats*, por algum motivo, na fase adulta, regressarem aos seus locais de origens, não conseguirão retomar as características próprias da sua origem, como o modo de falar, os gestos e as preferências alimentares; até intolerância ao clima é verificado. Ou seja, as características adquiridas passam a fazer parte da personalidade do indivíduo. Da mesma forma como na homossexualidade circunstancial, o indivíduo submetido a tais condições não é responsável por sua sexualidade.

Tem-se cogitado que no reino animal, o homem tem maior capacidade de adaptação ao meio em qualquer parte do planeta. Poderíamos somar a esse parecer a presença de cães em todos os locais da Terra, por mais inóspitos que sejam. Porém a adaptação desses animais em alguns ambientes somente é possível pela determinação racional do homem. As circunstâncias nos irracionais parecem condicionadas de maneira involuntária, sem comandos de reações perante as ameaças, como nas diversas formas de mimetismo em busca da sobrevivência. Nos seres humanos, ao contrário, as manifestações involuntárias despertam o consciente, direcionando-os a fazerem uso de determinadas circunstâncias em respostas aos impulsos de tais manifestações.

O sentimento passional não é uma luta pela sobrevivência como a conhecemos, mas uma reação natural em atendimento a uma condição biológica que é desenvolvida no organismo da pessoa sem interferência pessoal (Davi, Salmo 139). Mediante esses procedimentos, os impulsos sentimentais podem apresentar grandes prejuízos quando a profusão naturalmente involuntária de hormônios manifestados em desejos – seja para a procriação ou para extravasar energias interiores no processo natural de desenvolvimento do organismo – é reprimida por quaisquer motivos, entre eles os movidos por conceitos religiosos desnecessários ou preconceitos.

Um exemplo que muito se tem verificado em alguns jovens apaixonados pela pessoa "errada", ao tentarem, sem sucesso, manter o matrimônio, é a desistência mediante o uso de medidas contundentes. Os crimes passionais são os mais conhecidos, mas há casos em que alguns renunciam completamente às suas condições sentimentais, encontrando na homossexualidade a solução.

Os profissionais do sexo – dos quais já falei anteriormente, muitas vezes também são impostos pelas circunstâncias – financeiras –, mas nem todos são homossexuais. E, ainda, devido a uma desilusão ou uma decepção amorosa traumática, o papel sentimental de uma pessoa pode ser redefinido para o resto da vida. Pode haver uma correção sexual vinda das raízes da homossexualidade (que estavam ocultas no ser), despertadas pela impossibilidade de se manter o comportamento ou padrão sexual exigido pela sociedade.

Nos últimos tempos notamos que homossexuais femininas têm se identificado com maior frequência. Um dos motivos pode ser o favorecimento das leis, tirando do anonimato muitas mulheres que viviam nessa condição. Outros motivos são relacionados aos fracassos conjugais.

A expectativa de casamento heterossexual cria uma projeção de sucesso conjugal extremamente forte, sobretudo nos membros de famílias tradicionais. São sonhos de fadas, construções de castelos e perspectiva de liberdade com o estabelecimento de uma nova família que nem sempre funciona. Diante desses fatores, a homossexualidade pode parecer uma opção para os que insistem em ideologia de gênero, não fosse a própria estrutura da palavra.

Não há meios para uma pessoa usufruir de seus direitos à vida plena sem vencer as barreiras com constantes adaptações. Um reajustamento sexual na impossibilidade de usufruir dos atributos sentimentais não é uma opção. Sem essa possibilidade, só resta a castração. Com esse entendimento, as uniões homoafetivas são asseguradas dentro do espírito ético cristão. São tempos bem mais favoráveis à homossexualidade, não havendo mais motivos para os votos de castidade nos conventos, esconderijos em celibatários episcopais, suicídios inexplicáveis ou sacrifícios de abstinência em nome de uma moral desnecessária ou cultural.

Os ajustes comportamentais acontecem em todos os seguimentos da sociedade e em todas as épocas. Crises políticas com indefinições financeiras em algumas partes do mundo têm contribuído para grandes profissionais descobrirem suas verdadeiras vocações em ocupações jamais cogitadas, ou ajustarem-se em suas reais condições humanas. São respostas que surgem como consequências indiretas após uma busca diante do incerto.

Exímios instrumentistas de uma orquestra filarmônica sem patrocinadores podem abandonar a música como profissão e em outra ocupação inimaginável sentirem o mesmo prazer. De maneira semelhante, a homossexualidade circunstancial é apresentada.

O processo evolutivo humano não sairia do Éden sem as contínuas adaptações como consequências circunstanciais. Em todos os aspectos, as circunstâncias oferecem alternativas para o bom proveito da vida. Algumas, como resultado de um oportunismo para o sucesso, outras para a sobrevivência. Entretanto a homossexualidade circunstancial não é o resultado de uma opção de vida, mas um ajustamento da conduta sexual para dar lugar aos atributos do sentimento às vezes inaptos ou fora dos padrões da heterossexualidade plena – única chance para desfrutar de uma das principais dádivas divinas ao ser humano, independentemente se homossexual ou heterossexual. Se fosse ao contrário, seria a recusa da oferta da vida sexual apresentada pelo próprio Criador.

Essa condição identifica-se nos que se consideram privilegiados pelo sexo – alguns heterossexuais –, e os únicos premiados, mas para o cristão homossexual convicto, o privilégio é da mesma magnitude. Para ele, sua condição é tão gratificante que o andamento da sua vida sentimental apresenta-se como a melhor alternativa. Se numa hipótese fosse dado ao homossexual consciente uma oportunidade de escolha de outra vida sexual, com certeza ele não mudaria.

Para essas pessoas, a homossexualidade é magnífica, muito mais ainda quando amparada pela religiosidade. Entre as muitas razões para o homossexual expressar sua felicidade são os momentos devocionais como cristão diante do Criador. Reconhecer o valor da vida por meio do culto é agradecer pela capacidade de administração dos problemas, pelo reconhecimento da sociedade ou pela paz alcançada. Os altos e baixos – impossíveis de não existir – fazem parte de todos os seres humanos, sejam eles homossexuais ou heterossexuais. A manifestação da fé em qualquer um deles pode fazer uma grande diferença.

Os preceitos bíblicos asseguram que os homossexuais que se encontram nessa condição estão por ordem da criação divina, seja por fatores biológicos (os congênitos) ou externos (os circunstanciais). Sobre a homossexualidade congênita, já vimos que as buscas científicas para sua explicação estão longe de conclusões satisfatórias.

Como cristãos podemos alegrarmo-nos em Cristo, numa equivalência interessante ao afirmar para seus discípulos que há eunucos de nascimento, assim como há os que não o são. Essas palavras de Cristo são uma confirmação do que foi dito a Moisés no Sinai: "E disse-lhe o Senhor: Quem fez a boca do homem? Ou quem fez o mudo, ou o surdo, ou o que vê, ou o cego? Não sou eu o Senhor?" (Êxodo 4:11; Versão Almeida, 1982, p. 59).

Tais justificativas de Deus estão por toda a Bíblia, semelhantes às que já vimos em Isaías 45, de 5 a 7 (Versão Almeida, 1982, p. 687), portanto não há dúvidas de que Cristo, sendo o mesmo Deus, apenas confirmou Suas palavras ditas no passado quando falou dos eunucos de nascimento a Seus discípulos. Se o eunuco nasce eunuco, pela Bíblia foi Deus quem o fez.[22] Se surdo, mudo, cego, ou como quem anda, ouve e vê, tudo é obra divina. Cada ser tem suas características próprias de nascimento, precisando somente administrar as atribuições a esse respeito.

Atualmente, a ciência tem feito vários milagres em benefício do corpo humano. Já é possível fazer um cego de nascença ver, assim como um surdo ouvir. É mais fácil um heterossexual nascido com útero (Nogueira, 2017, p. 30), por meio de uma cirurgia, tirá-lo, do que fazer um mudo falar. No

---

[22] A revista *Scientific American* de outubro de 2017 relata esse fato não somente em homens que nascem com órgãos femininos como também mulheres com órgãos masculinos (Nogueira, 2017 p. 30). Tudo isso está de acordo com o que já discutimos sobre formação congênita. Se fosse possível alguma mudança por meio da ciência, ou seja, transformar-se de homossexual em heterossexual, e o indivíduo realmente quisesse mudar, como se fizesse um afilamento de nariz ou uma reposição capilar, entendo que objeções a isso não fazem parte da ética cristã. A questão aqui é a imposição intolerante para querer mudar aquilo impossível de mudar.

entanto ainda não há meios de transformar um homossexual em heterossexual. O que passar disso é sensacionalismo religioso. Interferência banal nos desígnios divinos com a tal da "cura gay".

Apesar da homossexualidade em muitos seres humanos ser manifestada logo após o nascimento, vários escritores evangélicos não se prestam à perscrutação bíblica a esse respeito, contradizendo suas próprias palavras. O pastor e escritor de confissão pentecostal Claudionor Corrêa de Andrade, em seu livro *Há esperança para os homossexuais!* (1987), assegura: "As causas congênitas, no entanto, não podem se transformar em uma atenuante à essa grosseira forma de comportamento sexual" (p. 22). Essa afirmação é banal, pois se é congênita, como pode ser grosseira? "Grosseiro pecado" (p. 29). "Opressão diabólica" (p. 22). Como pode ser "vício nojento e repugnante"? (p. 33). Se a homossexualidade é congênita, não pode ser uma "opção ou orientação sexual" (p. 37, 97). Tais ataques hipócritas ainda hoje são citados em muitos púlpitos.

Independentemente de homossexualidade congênita ou circunstancial, qualquer cristão pode adorar a Deus sem prejuízos devocionais. Quanto à infidelidade conjugal ou aos que usam o sexo como ferramenta profissional – acusação frequentemente comentada em manifestações religiosas populares – as palavras de Cristo direcionadas aos fariseus apedrejadores de adúlteras ou prostitutas continuam valendo para os dias atuais.

Aos que promovem sexo remunerado, entendemos que os cristãos religiosos no exercício contínuo da fé professada não se dedicam a ocupações que em suas consciências possam impedir a prestação do culto racional ao Criador (João 8:1-11; Versão Almeida, 1982. p. 116). Seguramente, a homossexualidade em geral não pode ser o resultado de uma "orientação sexual" executada por terceiros quando da infância e muito menos uma "opção sexual" convencionada por um capricho qualquer. Tais expressões são impossíveis de serem aceitas pelo homossexual crente, pois entram em desconformidade com a ciência da genética e, consequentemente, tiram o crédito de defesas bíblicas em favor da questão. Admitir a existência de opção ou orientação sexual é o mesmo que atribuir a um negro sua opção pela cor da pele, a um cego de nascença sua opção visual, a um surdo-mudo sua opção ou escolha de ser surdo mudo.

O termo "orientação sexual" é impróprio à questão homossexual porque os órgãos sexuais como definição biológica e indicadores do sexo não garantem condição sexual ao recém-nascido homossexual mesmo que sejam executadas as costumeiras orientações, da mesma forma que os ouvidos nem sempre garantem a audição e os olhos a visão. Essas questões mostram a complexidade da homossexualidade, pois de acordo com os órgãos sexuais dos filhos, é normal aos pais orientarem o futuro sexual da criança como sendo um menino ou menina para, no tempo apropriado, construir uma família com homem, mulher e filhos.

Há, no entanto, a possibilidade de a homossexualidade circunstancial ser o resultado de uma ação indevida na infância por m adulto desavisado ou mal-intencionado. É devido a essa intromissão negativa – a pedofilia – que medidas rigorosas precisam ser tomadas para impedir tal prática. À criança, um ser indefeso, o ato de aliciamento é de má-fé, devendo ser evitada, também, qualquer ação pedagógica ou fisiológica direcionada à iniciação sexual, tanto de caráter homossexual como heterossexual, pois, intromissões libidinosas quando das raízes da formação da personalidade de um ser humano podem alterar o comportamento de maneira irreversível.

Quanto à homossexualidade congênita, poucos são os pais que a identificam em um recém-nascido ou uma criança e, muitas vezes, ao perceberem qualquer indício, recusam-no e tentam contê-lo com medidas severas a fim de impedirem a possibilidade de terem um/a filho/a homossexual, podendo tais repressões causar sérios prejuízos à vida adulta.

Muitas crianças apresentam suas condições homossexuais nos primeiros anos de vida. Fanny Durbach, governanta de Piotr Tchaikovsky, fazia referências a ele como "uma criança de vidro" por perceber um comportamento diferente das demais crianças. Essa observação era a constatação da homossexualidade do futuro compositor, o maior músico da Rússia nascido nos últimos momentos dos czares.

5

O HOMOSSEXUAL CRISTÃO DIANTE DA VONTADE DE DEUS

Nos capítulos anteriores vimos que dentro do conceito de pecado diante de Deus, a repressão a um ser humano, seja por cor, raça, condição social ou sexual, é improcedente, inexplicável e, portanto, delituosa. É inadmissível porque somente seria passível de fazer tal repressão a outro ser humano alguém que se acha superior diante do reprimido, convencido de que tem qualidades consideradas melhores, como padrão de beleza, grandeza, riqueza ou padrão sexual. Sendo impossível a um ser escolher a sua própria cor, local de nascimento ou condição sexual, o comportamento daqueles que discriminam os outros por suas condições pessoais congênitas ou circunstanciais é irresponsável e marginal.

Atualmente, os informes científicos noticiam que já é possível escolher sexo, cor e condições físicas de um ser humano antes do nascimento, porém uma vez nascido, deve aceitar a forma a ele preestabelecida pelos pais ou cientistas encarregados da transformação. Essas técnicas ainda estão em fase de experiências, mesmo assim é inconcebível assegurar a escolha de uma raça a não ser que seja possível preestabelecer mediante caracteres físicos e de personalidade. Nesse caso, uma pessoa submetida ao preconceito devido ao sexo, à cor ou à raça não tem como arrancar de si os motivos que aguçam os insatisfeitos, seja ela nascida com as características naturais ou por manipulação genética.

Assim, um homossexual cristão somente permanecerá em pé diante de Deus quando estiver consciente de que sua condição não é uma tendência, um modismo e muito menos sedimentação de pecado em suas vontades próprias, pois não há erro em ser homossexual por nascimento ou por circunstâncias.

Por muito tempo os cristãos negros de diversas partes do planeta foram subjugados por povos não negros, também cristãos. Ou seja, o mesmo Deus cultuado por alguns escravagistas era cultuado pelos escravos, estabelecendo nesse caso um impasse religioso entre servos e seus proprietários, por terem como razão da fé um só Senhor Supremo. A questão é como esses senhores "donos" de gentes sentiam-se diante de Deus.

Muitas músicas do cancioneiro devocional *negro spiritual* – estilo de música sacra dos negros americanos – denunciam esse sentimento, apresentando os sofrimentos do jugo diante do próprio Deus com pedidos de solução. O maior problema é que a escravidão era cultural e houve, inclusive, entre muitos seguidores de Cristo no primeiro século, questão que somente foi solucionada com a evolução dos espíritos.

No entanto, esse estranho sentimento dentro do conceito devocional é amenizado pelos negros escravos ou livres, que no uso saudável de suas faculdades mentais, jamais ambicionariam estar na pele do segregador ou do preconceituoso. E esta é a razão: o prazer de ser o que se é, o orgulho de ter nascido daquela maneira. Essa faculdade capacita ao segregado ou excluído a sentir-se grande diante daquele que se coloca como superior. Entre os banidos devido à cor ou condição sexual não há lugar para acomodados.

O orgulho – para isso, diferente de arrogância – de ser o que se é no que diz respeito à raça, à cor e ao sexo jamais será compreendido pelo preconceituoso, já que o preconceito é uma das ineficiências da alma (psique), assim como a sexomania, o assassinato em série e a cleptomania. Para os negros, a cor da sua pele, não sendo uma questão de escolha – da mesma maneira para raça e sexo –, não há como imputar responsabilidade a quem a tem, pois assim nasceram. A cor não é consequência de erro e para os crentes não tem nada a ver com o pecado, como alguns religiosos, movidos pelo preconceito, associam-na ao castigo de Deus a Caim após ele ter assassinado seu irmão Abel (Gênesis 4:15). As penas aplicam-se aos seres humanos por delinquências adquiridas no decorrer da vida e não por condições congênitas. Um homem branco não nasce assaltante, um negro não nasce pedófilo, assim como um homossexual ou um heterossexual não nasce estuprador.

As vítimas da intolerância não podem permanecer passíveis, tendo em resposta a justa reação sem renunciar um só instante a sua condição. Quanto ao homossexual, a resposta irredutível ao injuriador inclui, sobretudo, aqueles que usam erroneamente a Bíblia para justificar suas investidas. São esses que, de acordo com os princípios religiosos, deveriam ser os maiores combatentes de injustiças.

Veremos adiante que a situação entre Davi e o rei Saul, governante estabelecido para dar exemplo de respeito a Deus diante do povo, mas que era incompetente e leviano religiosamente. Apesar de o contexto estar relacionado a injúrias por inveja e não por preconceitos, Davi exerceu todos os seus direitos de recusa aos ataques do rei sem ser contundente. Seu exemplo, observadas as devidas proporções, pode ser seguido por homossexuais cristãos. Enquanto existir o sentimento de resposta incondicional do prejudicado ao preconceituoso haverá a certeza de mudanças.

Essa consciência de direito à liberdade sobre seus próprios atos e orgulho de ser é bem mais forte no homossexual, já que em todos os tempos, entre todas as raças e credos, sua condição sexual sempre foi vista como tabu. Orgulho maior ainda se observa entre os homossexuais religiosos, pois há segurança maior em sê-lo depois de conhecerem os desígnios de sua vida pela sua criação, assegurando que seu modo de ser não é consequência de desobediência, de que a condição homossexual de um ser humano – congênita ou circunstancial – é tão divina quanto a heterossexual. Porém é importante que o homossexual faça a sua parte, atento à manutenção do conhecimento próprio e contínua educação religiosa, sem esperar pelo acaso. "O preço da liberdade é caro, não há dúvida, mas vale a pena o sacrifício" (Lima, 1953, p. 350).

Firme nesse princípio, a independência da consciência sentimental do homossexual não pode ser diferente da do heterossexual. E dentro das normas cristãs para a questão, o homossexual, como já foi visto, é quem invariavelmente precisa estar à frente das determinações de sua liberdade. Ele é o primeiro que deve exigir reconhecimento de suas atribuições diante das verdades cristãs. Consciente da redenção divina, precisa mostrar e justificá-la aos que estão de fora. Quanto maior e melhor o número de testemunhos cristãos de homossexuais, menores serão os problemas com os irmãos heterossexuais. Quanto maior for o conhecimento bíblico sobre a questão, tanto para homossexuais quanto para heterossexuais, menores serão as investidas.

Portanto é necessário que o homossexual seja religiosamente proativo, conhecedor de todas as passagens das Escrituras Sagradas usadas inadvertidamente por aqueles que se sentem "mensageiros de Deus" contra a homossexualidade. Enquanto o homossexual, por uma questão pessoal, estiver na igreja de forma secreta – o que é compreensível –, não haverá embate. Porém revelado, deve defender-se usando Deus como escudo. E isso só será possível se o homossexual ficar firme diante de Deus, com sua defesa pronta. Para isso, uma vez perante o Altíssimo, um grande exemplo é a maneira como Davi apresentava-se em suas orações.

A devoção pessoal é um fator que o homossexual religioso seguro de seu espaço e reputação não pode deixar desvanecer. Não basta o conhecimento bíblico de forma exterior. É necessária subjetividade religiosa. Ou seja: fé e convicção. Não custa voltar aqui ao exemplo de Davi, que viveu dias de muita alegria, mas também dias de muita tristeza. Viveu dias de vitória e também de derrotas pessoais.

Davi amou muito e foi amado, viveu fraquezas sentimentais e dias de arrependimento pelos exageros, além de ter sido odiado por muitos, tudo isso sem nunca afastar a sintonia com o Criador. Profetas, apóstolos, discípulos, todos viveram as necessidades da carne monitoradas pelo consciente, o espírito.

O homossexual cristão espiritual sem o homossexual cristão alheio aos atributos da carne (humano) vegeta diante de Deus, mas o equilíbrio desses dois extremos conduz o ser crente à vida plena. Os altos e baixos fazem parte do processo vital do cristão. Não há nenhum mortal sem os efeitos colaterais do pecado. Desde Adão, ou seja, desde que a humanidade existe a vida é assim. A diferença é que o crente que sempre se mantém vigilante vive melhor. Essa vigilância é a sintonia entre Criador e criatura temente na monitoração do comportamento. Aqui, sem nenhuma apologia ao pecado, visto que a Bíblia declara ser impossível ao ser humano nascer e viver sem ele.

Ciente que um estágio independente de consciência ainda está por generalizar há muito que se fazer, pois existe um grande contingente de homossexuais com dificuldades de alcançar tal privilégio, principalmente entre os filhos de pais sem esse conceito. Há um número absurdo de suicídios entre os jovens homossexuais norte-americanos e brasileiros. Seguramente, esses suicídios são o resultado da falta de maturação psíquico-religioso, especialmente entre os jovens pertencentes a famílias protestantes tradicionais.

A falta de assistência de conselheiros profissionais – fora do ambiente religioso – é comum entre as famílias protestantes. Em geral, os conselheiros envolvidos são pastores heterossexuais preparados para atendimento a filhos adolescentes com suspeitas de comportamento fora das convenções familiares, às vezes naquilo que os pais chamam de "desvio de conduta sexual". Os pais, que por condições congênitas projetam continuidade à tradição da família, acabam se tornando um problema sério caso essa tradição seja rompida com a presença de um filho não heterossexual.

Com certeza, a maioria dos adolescentes que perdem a vida em um suicídio, não o fazem por serem homossexuais, mas pela impossibilidade de justificar a família a condição sexual em que se encontram. Assumir a homossexualidade em um lar tradicional e totalmente contra isso costuma ser uma ruptura traumática, qualificada pelos pais de extrema traição religiosa. Além disso, pela imaturidade, o sentimento de culpa é inclemente. Algo semelhante à responsabilidade por um atentado ao pudor no seio da família. A ruptura traumática é inevitável, mas há uma chance à vida. Sem isso, a solidão presente em alguns adolescentes cristãos pela impossibilidade de assumirem seus sentimentos junto ao parceiro ou à parceira pode conduzi-los a uma falência ou bloqueio dos demais atributos vitais. "Não é por acaso que adolescentes gays têm um índice de suicídio que está entre os mais altos do mundo e chega a ser oito vezes maior do que o de um adolescente heterossexual" (Lacombe, 2014, p. 62).

É importante enfatizar aqui que adolescentes gays criados em ambientes religiosos rigorosos não têm autonomia espiritual para livrarem-se da pressão imposta pelos pais. Na maior parte, convertida e consciente da religião do ambiente familiar, ao transpor a adolescência – livre das convenções familiares – já é tarde demais. Muitos ficam confusos, neuróticos, indevidamente se sentindo culpados e sem perspectivas de futuro. Se desgarrado das convenções familiares, livre, o cristão homossexual somente estará seguro diante de Deus, quando os conhecimentos bíblicos a respeito de sua condição sentimental estiverem sedimentados.

A apropriação dessas verdades é o juiz do homossexual. Todas as dúvidas precisam ser sanadas, caso contrário a consciência não dará trégua. Tendo a Bíblia como guia e vencendo os entraves de caráter religioso, como a certeza de que sua condição não conduz a uma falta diante de Deus, a opinião negativa dos de fora será invalidada. Essa postura dará liberdade ao homossexual cristão convicto de estar realmente livre diante do Criador para adorá-Lo. Quando isso acontecer, o número de homossexuais devotos a Deus vivendo em padrões heterossexuais cairá significativamente, podendo dobrar as estatísticas.

Aceitar a homossexualidade não significa enrolar-se em uma bandeira colorida e sair pelas ruas gritando palavras de ordem. De início, o homossexual pode apenas assumir a sua condição pessoal, sem precisar dar explicação ao público. Ele pode manter isso para si mesmo, conscientemente e resignadamente, até que em uma oportunidade, ou até mesmo numa condição forçada inesperada, possa apresentar-se com a cabeça erguida.

É bom saber que os segredos comportamentais são impossíveis de serem mantidos. Mais cedo ou mais tarde serão descobertos. Para o homossexual cristão, insisto no fato de que, com segredo ou sem segredo, havendo impasses desagradáveis, a postura religiosa não pode ser abalada. Estar diante de Deus na condição de pecador homossexual – assim como o pecador heterossexual – é estar ciente da aquisição do poder de uso dos atributos da fé em que o acolhimento divino, na vida terrena, é manifestado pela serenidade diante de qualquer problema.

O ser humano é a única célula do universo em constante monitoramento sobre sua origem. Essa condição capacita-o a sentir-se grato por sua existência, sendo essa gratidão direcionada ao princípio de tudo isso, no Fiat Lux (popularizado como Big Bang). Porém a maior parte ainda não se atentou ao privilégio de que pode assegurar essa devoção, perdendo uma grande oportunidade de interagir diretamente com o Criador do universo. E como sabemos muito bem, o Criador é inexplicável, portanto é um Espírito.

Os atentos, não importando as condições como vieram ao mundo, louvam-No, agradecem-No, seguros de suas responsabilidades sagradas de maneira incondicional. Mais uma vez citando Davi, ele deixou-nos detalhes importantes da sua gratidão pessoal a Deus pelas condições como veio ao mundo:

> Eu te louvarei, porque de um modo terrível e maravilhoso fui formado; maravilhosas são as tuas obras, e a minha alma o sabe muito bem. Os meus ossos não te foram encobertos, quando no oculto fui formado e entretecido como nas profundezas da terra. Os teus olhos viram o meu corpo ainda informe, e no teu livro estas coisas foram escritas, as quais iam sendo dia a dia formadas, quando nem ainda uma delas havia (Salmo 139: 14-16; Versão Almeida, 1982, p. 609).

Para que o homossexual seja firme diante da vontade de Deus é preciso que a constante avaliação da questão sentimental pessoal esteja baseada em conceitos racionais e não culturais apenas. Reafirmando, entre os cristãos praticantes, os conceitos racionais capacitam-nos à aprovação e à aceitação de sua situação com propriedade, sem resquícios de dúvidas, encontrando na Bíblia e na ciência todos os requisitos para a lisura de sua conduta.

O homossexual que se atenta somente a conceitos culturais pode cair numa armadilha, visto que o conteúdo maior da cultura nesse aspecto atribui à homossexualidade um desejo perverso, leviano e, entre alguns redutos, pecaminoso. Tais reprovações de cunho cultural podem não ser preconceituosas, mas são depreciativas. Sem uma base racional, o homossexual pode ser conivente com o conceito popular e ficar sem reação – subjetiva –

quanto a si mesmo, admitindo a parte negativa atribuída a ele, levando-o a uma acomodação vulgar e, portanto, sem reputação. Ou seja, desacreditado.

É impossível ao homossexual querer fazer a vontade de Deus sem aceitar que sua condição sexual é propósito do próprio Deus Criador. Revendo Billy Graham no capítulo anterior, quando ele menciona que o ser humano, ao nascer, já traz consigo toda a estrutura genética estabelecida na concepção com suas potencialidades biológicas, sexuais e intelectuais preestabelecidas –, ele referenda cientificamente as palavras de Davi no Salmo 139. Portanto essa consciência diante das atribuições de Deus conduz ao exercício da devoção.

Contrariando o conceito filosófico de Kant em *A religião nos limites da simples razão* (2008), a devoção do crente homossexual não deve ser praticada em troca de prosperidade ou vitórias, em um "toma lá dá cá". Ela deve ser incondicional, sem negociações com o Criador. A devoção condicionada é impossível, é irracional. Havendo fé, o comprometimento com Deus é automático. As bênçãos derramadas dos céus referidas em Malaquias 3:10 são efeitos da devoção e não do pagamento de dízimos e ofertas. Quem não sustenta a Casa do Senhor não tem fé. Não é devoto.

6
FÉ E CONVICÇÃO CRISTÃS NA VIDA DO HOMOSSEXUAL

A fé não é um arquipélago. Não é constituída de pontos emersos no mar da incredulidade aqui e ali. É um continente. Pode ter depressões e altos picos. Mas é continente. Ou cremos no poder de Deus e no testemunho que desse poder dá a sua Palavra ou não cremos em nada.

(Delcyr de Souza Lima – pastor batista)

Em alguns momentos, fé e convicção têm sentidos similares, mas há diferenças significativas. A fé (em Deus), residindo no íntimo do ser, é subjetiva. É sedimentada mediante alimentações racionais, que extravasam em ações que a identificam. Percebe-se com isso que as ações da fé são objetivas e manifestadas através da convicção. A convicção, então, é a ação para efeito daquilo em que o indivíduo crê, é a dinâmica de uma determinação pessoal residida no interior (a fé) identificada por manifestações expressivas por quem está envolvido por ela. Pode ser que haja intuitos pretenciosos do convicto em manter em segredo a sua fé, e é possível – por pouco tempo e com muitas dificuldades, pois as manifestações reveladoras (convicções) podem ser involuntárias, sem o consentimento daquele ou daquela que crê.

Muitos judeus da diáspora em países intolerantes, apesar de aparentemente convertidos à religião estatal, perderam a vida por deixarem escapar suas convicções religiosas contrárias à religião imposta pelos opressores. A convicção, em outros momentos, como resultado de algo positivo, manifesta-se de modo gratificante e com felicidade. Ao residir em algo negativo, como a certeza de uma incapacidade profissional, ou uma doença, tende a ser identificada por meio da tristeza ou de reações de revolta.

A convicção manifesta-se de acordo com a subjetividade da fé e não na conduta proveniente do caráter. Ao responder por ações prazerosas, pode ser perigosa. As manifestações ideológicas, políticas e religiosas são convicções frutos de uma fé intrínseca e, por isso, às vezes inflexível.

A fé calcada num engano pode manifestar-se em convicções prejudiciais e de difíceis reparações. Esses prejuízos são comuns entre os exaltados e orgulhosos, por suas propriedades intelectuais, riquezas e posições sociais. É imprescindível a um homossexual religioso atentar-se para a convicção de sua profissão de fé, pois sem o exercício dela, a fé é inapta. Alguns religiosos fariseus declararam-se defensores da fé que professavam, mas ao apresentarem convicções contrárias aos atributos da religião, Cristo chamou-os de hipócritas, ou seja, fingidos.

Além da fé e da convicção, Kant (2001, p. 577) propôs a persuasão inerente ao mesmo princípio, sendo uma diferente da outra, mas admitiu: "Portanto, a persuasão pode, subjetivamente, não ser distinta da convicção, se o sujeito tiver presente a crença apenas como fenômeno do seu próprio espírito". Se o *fenômeno é do seu próprio espírito* entendo não haver persuasão. Aqui, Kant embutiu convicção e persuasão no mesmo espaço subjetivo da fé.

Quanto ao cristianismo, é importante verificar que na opinião de quem não crê em Deus, a fé não tem a mesma estrutura da opinião daquele que crê. Ou seja, a definição de fé em Deus nas palavras de quem não crê só tem acolhida para o próprio incrédulo, não devendo surtir efeito na vida do crente. De semelhante forma, as palavras proferidas por um fora da lei diante da Justiça teriam como objetivo apenas seu próprio interesse, pois estariam em defesa de sua pele.

Na opinião de Kant (2001, p. 580), a fé em Deus não é subjetiva, não nasce do interior do indivíduo; ela é doutrinada: "devemos confessar que a doutrina da existência de Deus pertence à fé doutrinal". Essa opinião somente se justifica em propostas ateístas, além de subestimar a capacidade intelectual daquele que independentemente racionaliza seus conceitos.

Ao religioso, nota-se que a diferença entre convicção de fé em Deus e persuasão é que uma nasce da necessidade do ser humano em crer em um Ser Supremo, com consequências racionais diante da dinâmica do universo, não estando presente aí a doutrina. A persuasão (no campo da religião, por exemplo) é algo como ouvir e aceitar os conselhos de alguém quanto à denominação religiosa que melhor convir aos seus impulsos espirituais, às convicções oriundas da fé. Nisso, a ação doutrinal para a escolha da grei – um dos principais locais para profissão da fé – é verificada em atendimento à fé em Deus. Poderíamos comparar a necessidade de persuasão direcionada à escolha da denominação religiosa (grei) para convivência das convicções, a conselhos quanto à roupa adequada de acordo com o ambiente de uma festa.

Para que o pensamento de Kant seja viável, seria preciso admitir que Abraão, sem o conhecimento de causa e efeito, fosse o criador de Deus, e Moisés o doutrinador da ideia de Abraão. O convicto é inabalável, pois intimamente está firmado na fé que o sustenta. O persuasível é susceptível à indução. O susceptível à indução assemelha-se ainda a alguns políticos de um partido qualquer que podem acirradamente defender uma causa hoje na direita e amanhã passar para a esquerda com a mesma determinação antes aplicada à causa abandonada.

Hitler fez uso de seu poder de persuasão para pregar o nazismo aos alemães. Nesse caso, a transformação da população em um bando de nazistas não aconteceu pela convicção nascida da razão da fé, mas pelo poder de persuasão de um excepcional carismático. No Brasil, esse comportamento é chamado de "Maria vai com as outras". Os confiantes na política anterior e de convicções opostas não foram persuadidos por Hitler, ou pelo menos fingiram-se persuadidos para não sofrerem retaliações fatais.

Nesse meio há o efeito dos conselheiros religiosos, parecido com proselitismo. Tais conselheiros executam apenas "o despertar da fé em Deus" aos que já a têm em estado de inércia. Vimos que muitas pessoas admitem ser cristãs porque o país de nascimento é de orientação cristã, porém são cristãs sem a manifestação da fé. O Brasil, estado separado da Igreja, laico, não teocrático, não impõe religião a nenhum cidadão brasileiro, por isso é um país cristão por tradição e não por imposição política. Nessa tradição há cristãos convictos, cristãos somente de batismo ou não praticantes e os cristãos declarados ateus, atentos somente à ética do Cristo homem e não à ética do Cristo Divino.

Por convicção religiosa, o cristão é um autêntico defensor da fé por meio de seus atos. É nessa condição que o homossexual religioso deve encontrar-se, independentemente da denominação religiosa que professa – se protestante, ortodoxa ou católica. Houve um cidadão do primeiro século em Israel chamado Estêvão – aquele morto por apedrejamento –, que deu um importante exemplo de convicção religiosa cristã: "E levantaram-se alguns que eram da sinagoga chamada dos libertinos, e dos cireneus e dos alexandrinos, e dos que eram da Cilícia e da Ásia e disputavam com Estêvão. E não podiam resistir à sabedoria, e ao espírito que falava" (Atos 6:9-10; Versão Almeida, 1982, p. 142).

Esse espírito de Estêvão era justamente a manifestação da convicção. O pastor Robert Naylor (1956, p. 131) admite que "Estêvão, como diácono, era um homem de firmes convicções", porém todo o ser humano, em pleno uso de sua cidadania, com respeito mútuo e vocação para a observação da ética, ainda pode ser um cristão convicto independentemente da sua posição social ou condição sexual. Quanto ao apedrejamento de Estêvão por aqueles que o ouviam na sinagoga, pareceu mais por inveja pelo seu poder de conhecimento em geral do que por conceitos religiosos. O apedrejamento foi uma manifestação reacionária dos judeus por ignorância às profecias judaicas enviadas a eles próprios.

Nos países democráticos, as leis defendem os direitos iguais para todos, mas na prática – em muitos lugares, sobretudo alguns do terceiro mundo – funcionam justamente ao contrário. Apedrejamentos não existem mais como nos tempos de Estêvão, porém, de outras formas, as mortes por discriminação ainda são frequentes. Entre os mártires do cristianismo, sem dúvida Estêvão pertence a uma galeria enaltecedora; já as mortes por discriminação sexual são esquecidas logo após a tragédia e isso é inadmissível, precisa ser combatido com todas as armas necessárias, sejam elas intelectuais, religiosas ou judiciárias.

Um homossexual cristão convicto tem, ainda, comportamento diferente ao do cristão não convicto, contudo ambos podem ser prudentes observadores da ética. Ao cristão convicto, a diferença está na determinação religiosa. A convicção como dinâmica da fé professa a atitude do praticante. Nesse caso, a mesma convicção que em outro ambiente cultural levou Estêvão ao apedrejamento, em nossos tempos e em nosso país cristão pode levar o homossexual a livrar-se de muitas encrencas. Não podemos isentar-nos da realidade sobre alguns males atribuídos à homossexualidade, mas como religiosos poderíamos evitar.

Se um heterossexual cair bêbado na sarjeta será notado apenas como um bêbado. Se for um homossexual, geralmente será notado como um bêbado por ser homossexual. Da mesma forma seria se um for parar na delegacia por desacato à autoridade ou denunciado pelo volume do som de sua música preferida depois das 22h. O cidadão é livre somente quando pode desfrutar de todos os seus direitos, porém em escala muito maior quando souber limitar sua liberdade.

As marchas, as passeatas e as demais manifestações gays são demonstrações de liberdade e poder. Muitos participam exibindo determinação na capacidade de lutar, alegria de viver e realização, mas tais manifestações não são a representação do homossexual. A manutenção pessoal comportamental de um cristão homossexual convicto já é o suficiente para fazer-se reconhecido de todos ao redor. A convicção de que esteja trilhando dentro dos parâmetros da ética produz resultados significantes em favor da questão. Com isso, a solicitação da ética faz-se primordial, partindo do comportamento do solicitado.

Segundo a Bíblia, a fé "... é o firme fundamento das coisas que se esperam, e a prova das coisas que se não veem" (Hebreus 11:1; Versão Almeida, 1982, p. 259). Um pedreiro convicto de que é realmente um pedreiro tem a sua firmeza naquilo que pode realizar, naquilo que se traduz como um produto proveniente das mãos de um pedreiro. Alguém que tem a fé de que um dia será um pedreiro ainda não é um pedreiro, mas nem por isso deixa de ter fé. A partir do momento em que sua confiança configurar-se na execução de uma obra de pedreiro, não há dúvidas de que a sua determinação seja uma firme convicção.

Acredita-se que na execução de um empreendimento – a edificação de uma casa, por exemplo –, a fé já é, antes de qualquer coisa, grande parte do andamento do planejado, ou seja, a construção de uma casa já está antecipada justamente na fé em construí-la, mas até aí é somente fé. O andamento da construção, desde a fundação ao acabamento, é convicção.

Os teólogos católicos, com razão opõem-se em parte à teologia protestante da fé conduzida por Lutero, pois a fé sem a demonstração de convicção é inapta. Com isso, a assistência social promovida por religiosos convictos pode ser um produto da fé. É o louvor e a gratidão a Deus pela prática do bem. "A fé sem as obras é morta", a Bíblia diz, mas é preciso não confundir o ato de dar esmolas como obra da fé (Boisset, 1971, p. 11). Há muita gente fazendo caridade com os olhos voltados ao retorno material. Ou seja, as obras dessa fé não passam de uma propina.

Os conceitos de fé, convicção e persuasão são universais, não são conceitos *a priori* de Immanuel Kant em sua proposta da Razão Pura. O proveito da lógica diante de uma questão pode conduzir pessoas diferentes, independentemente de um orientador, chegar à mesma conclusão. No entanto a divergência para os cristãos convictos manifesta-se quando esse assunto está diretamente ligado à fé em Deus.

A fé doutrinal relatada por Kant é uma simples persuasão e, ao contrário, exime a razão de quem crê. De outro lado, os princípios subjetivos da fé em Deus são exatamente as respostas do raciocínio diante do questionável. Religiosamente, Einstein enfatizou esse assunto apontando a lógica do universo como condutor do homem a Deus sem a necessidade da indução. Quanto a essa verdade, Kant (2001) estranhamente se contradiz afirmando o mesmo.

É certo que a fé incondicional dispensa a lógica e é nessa posição que muitos estão ao exercerem suas convicções isentas de colocarem Deus a provas objetivas, porém não o fazem cegamente. A Cabala, ao contrário da maioria dos teólogos – entre eles o padre Marie-Dominique Chenu (1979, p. 130-131) – admite a sedimentação da razão pela fé em vez da fé como consequência da razão: "A casa da humanidade é o mundo, o candeeiro é a ciência, e a luz é a razão vivificada e imortalizada pela fé" (Levi, entre 1970 e 1989, p. 13). Percebe-se, no entanto, que a inversão da ordem nesse trecho cabalístico identificando a fé em direção à razão constata revelação e ciência auxiliando uma a outra, não importando em que lado estejam. Em fé empreendedora, como no caso da lâmpada de Edson, que primeiro a formatou subjetivamente sob os impulsos da razão e só depois teve certeza absoluta de que sua ideia era possível (fé), verifica-se maior acolhida pelo texto da Cabala.

Quanto à ciência atrelada à fé religiosa, várias pessoas da Comunidade Acadêmica discordam do assunto, apresentando a Teoria da Evolução de Darwin como uma das justificativas para tal antagonismo. Percebe-se, entretanto, que essa afirmação se processa naturalmente pela intolerância religiosa sem crédito à importante manifestação de Einstein quando ele disse: "A ciência sem a religião é manca, a religião sem a ciência é cega" (Jammer, 2000, p. 95).

Não há conflito entre religião e ciência, contudo, retomando o assunto inicial, é preciso examinar o texto bíblico com parcimônia emocional, pois se a interpretação religiosa do surgimento do homem for por meio de uma escultura de barro executada por Deus à moda da milenar arte da argila, as dúvidas podem sucumbir à verdade.

O biblista Ryrie (2008, p. 9), ao comentar as origens do homem em Gênesis 2:7, disse: "O corpo do homem foi formado de pequenas partículas do solo (as palavras hebraicas para 'homem' e 'solo' são semelhantes...)". Ryrie chama a atenção para o perigo da interpretação popular, que claramente foge dos relatos bíblicos.

Não podemos deixar de enfatizar que muitos homossexuais que têm fé em Deus, mas estão em estado de inércia, são assim por estarem diante de barreiras criadas por grande parte da sociedade religiosa. Para isso vale reafirmar aqui que as atitudes contrárias de alguns crentes (evangélicos e católicos), que por interpretações equivocadas da Bíblia afirmam que um homossexual não pode adorar a Deus por sua condição sexual, não elimina a fé desse homossexual, mas pode relegá-lo à inércia religiosa devido às dificuldades de transpor tais barreiras.

Dessa forma, a fé, quando está inerte e em algum momento é despertada, se esse despertar for feito com o auxílio de outra pessoa, ela não corresponde de forma alguma a "fé doutrinal" de Immanuel Kant, pois já estava presente subjetivamente no crente.[23] A partir do momento em que a fé do homossexual é removida da inércia, a convicção expõe sua identidade através dos atos.

As palavras do pastor Delcyr de Souza Lima definem bem a fé comparada a um continente. Durante a vida há picos altos e depressões, mas em qualquer parte do relevo do viver do crente, a fé (continente) precisa estar presente. Se estiver somente nos picos altos, deixa de ser fé e passa a assemelhar-se a um arquipélago, em que as partes submersas são as dúvidas manifestadas na incredulidade.

---

[23] Dentro do contexto religioso, a fé é extremamente diferente e bem menos complicada daquela residente em outros seguimentos comportamentais. Na religião, a fé em Deus é inflexível. Se aplicada fora da religião, demonstra ter uma extensa escala de valores além da convicção e persuasão, podendo o indivíduo crer muito, razoavelmente ou pouco. Quando Kant (2001, p. 578) afirma que "a crença subjetivamente suficiente ou não, é identificada por fé", está identificando apenas a fé de um ser humano para outro ser humano e não a fé em Deus. Seria a fé necessária, comum nas atividades seculares. De acordo com as declarações pessimistas de Kant sobre a existência de Deus, não há autoridade em suas palavras para definir o que significa a fé de um crente, pois, como já dito, não há escala de fé em Deus que vai da insuficiente a suficiente. Se não se tem fé em Deus é impossível falar de fé a outras pessoas. Diante de seus ensinamentos sobre a fé – que nesse contexto deseja que os leitores admitam em suas palavras a verdade sobre a fé em Deus –, apresenta-se como um professor de natação que não nada e mesmo com medo de afogar-se, está disposto a ensinar a quem queira aprender a nadar.

7
A PROFISSÃO DE FÉ DO HOMOSSEXUAL NAS COMUNIDADES RELIGIOSAS

Desde que o homem sentiu a necessidade de prestar culto a alguma divindade houve a participação de homossexuais adorando de forma direta ou indireta. Com isso, desde que a religião existe, há os homossexuais sensíveis à devoção, mas também existiram objeções dos não homossexuais, inclusive em meio aos cristãos.

Retornando aqui ao assunto de que entre os 15 primeiros imperadores romanos 14 eram homossexuais (Ryrie, 2008, p. 1.114), lembramos que nessa mesma época Jesus nasceu, apresentou seu grande ministério e morreu. Diante dessa proporção de homossexuais, podemos questionar que se entre os imperadores reinava esse sentimento, como não haveria de ser entre os súditos?

Mas mesmo havendo número tão grande de homossexuais nas lideranças daqueles tempos, havia discussões semelhantes aos dias de hoje, como se a homossexualidade fosse raríssima. Posteriormente, junto aos escolhidos de Cristo para seu ministério, houve especulações acerca do comportamento sexual do discípulo João. O comentarista bíblico Ryrie argumenta que João era frequentemente retratado como uma figura afeminada nos primeiros séculos do cristianismo. Em nossos dias, quando se desconfia da presença de um homossexual no rol de membros de uma igreja fundamentalista, por exemplo, há maior comentário do que em qualquer outra religião.

Quanto ao discípulo de Cristo, convém lembrar que nem todos os homens de aparência afeminada são homossexuais, bem como há muitos homossexuais sem nenhuma característica. Seguramente, os comentários sobre o discípulo naqueles primeiros séculos aconteceram após a morte de Cristo. Tais assuntos, comuns entre os fariseus, não passariam sem as observações do Mestre. O homossexual, por mais sutis que sejam os seus gestos, é percebido em qualquer recinto.

O filósofo Michel Foucault acrescenta uma posição com respeito à pluralidade de comportamentos sem regras, deixando o estereotipo fluir livremente (Magnavita, entre 2007 e 2017, p. 17). E é aceitável, porém, a falta de regras é uma faceta da indisciplina. O homossexual cristão pertencente a uma comunidade religiosa deve comportar-se de acordo com a maioria dentro dessa comunidade. Mesmo em uma atividade não religiosa, tem que seguir as regras dessa atividade desde que não escondam sua identidade homossexual. Os parâmetros e os estereótipos não devem violar os princípios comuns do meio em que estiver.

Um homossexual na liderança de uma atividade religiosa heterogênica, com participantes de várias culturas e em que as regras predeterminadas façam parte da unidade, deve ser ponderado. Uma postura extravagante – seja ela em prol de qualquer bandeira – criaria desagrado, uma vez que pode descaracterizar o ambiente. O estereótipo natural do homossexual é um destaque, é a sua maior identificação.

O expressivo número de homossexuais nas igrejas evoca um paradoxo diante da grande rejeição das maiorias das religiões cristãs. É muito interessante o comportamento devocional dos homossexuais com respeito à *instituição religiosa*. "Em geral, costumam ter uma grande sensibilidade e um alto senso de moral, coisa que contradiz o que normalmente se pensa deles" (Lasso, 1998, p. 75).

Essa realidade pode apontar em direção a um futuro de convívio menos tenso, eliminando a maioria dos atuais entraves para com os homossexuais religiosos. É fato que os mais estereotipados ainda teriam aborrecimentos com as indiretas ou pregações dominicais estressantes, com as costumeiras infundadas condenações. Por isso ainda é necessário manter-se o equilíbrio mediante certa resignação dentro da igreja. Mas resignação sem renúncia da nobre condição homossexual.

Grande parte das culturas religiosas históricas, tanto no passado como nas renascentistas, mantém o conceito fundamentalista, com iniciados geralmente heterossexuais. Foi assim com Moisés, ao apresentar as leis dadas por Deus para manutenção da fé aos hebreus nascidos escravos, e durante quatro séculos, aculturados no politeísta Egito. "As religiões partem de uma moral em conexão com a conduta que, de uma forma ou de outra, é revelada por seus fundadores" (Lasso, 1998, p. 43).

Uma vez que o fundador de uma determinada religião seja heterossexual, certamente a homossexualidade não estará prevista nas convenções e nos preceitos dessa religião, exceto se for dotado de pensamento imparcial, e de forma proativa e tolerante, favorecer a inclusão de homossexuais, adicionando-os nos estatutos religiosos.

Sobre o apóstolo Paulo, que convertido ao cristianismo após os 30 anos de idade trouxe consigo alguns nichos persuasivos da doutrina anterior, ao ser capacitado dentro dos ensinamentos religiosos e seculares pelo intelectual Gamaliel, tornou-se líder entre os cristãos do primeiro século. Ele era solteiro e mesmo estando no comando de igrejas firmadas na cultura patriarcal vinda do judaísmo, não se intimidou em propor a outras pessoas a escolha da vida de solteiro (I Coríntios, capítulo 7; Versão Almeida, 1982). Mas foi uma proposição sem traumas, um exemplo de uma conduta consciente em um ambiente estranho.

Paulo, além de ser um grande líder, exercia posição de confiança entre os irmãos, e fez isso muito bem assegurado, pois o próprio Jesus Cristo, autor de sua fé, nunca foi casado. Ainda, o número de solteiros eunucos naquela época era muito grande. Em seu ministério, Cristo fez referência à classe de solteiros com imparcialidade quando disse:

> Nem todos são aptos para receber este conceito, mas apenas a quem é dado. Porque há eunucos de nascença; há outros a quem os homens fizeram tais; e há outros que a si mesmos se fizeram eunucos, por causa do reino dos céus. Quem é apto para o admitir admita (Mateus 19:11-12).

Já foi citado aqui outras vezes que o tempo de Cristo foi um período em que a homossexualidade era tão popular como nos tempos atuais, a começar pelos imperadores. Muitos homens daquela época submetiam-se à castração alegando exigência profissional; outros por motivos religiosos. Sabemos hoje que a escolha dessas categorias justificava-se apenas na defesa ou na salvaguarda da condição homossexual de vários eunucos. Além disso, o celibato era uma cultura incentivada pela própria sociedade, contribuindo para o grande número de eunucos, tido como uma classe privilegiada.

Cristo viveu nesse meio. Conhecia bem esse ambiente, mas nunca pronunciou uma só palavra contra os homossexuais. Trazendo esse fato para os dias de hoje, vemos que a religiosidade dos homossexuais cristãos atuais não pode ser comparada à dos eunucos daqueles tempos. Contudo, atualmente, um cidadão que por alguma circunstância permanece solteiro – com exceção do clero católico –, é questionado sobre sua condição sexual. É quase impossível existir alguém nos dias de hoje com o mesmo comportamento dos eunucos do tempo de Cristo que não seja identificado como homossexual.

Houve uma grande variedade de classes de eunucos no mundo antigo como o próprio Cristo especificou. Houve eunucos por orientação sexual e por opção entre alguns religiosos ou celibatários penitentes. Eles foram constituídos de acordo com o ambiente cultural. Hoje, com exceção dos congênitos ou circunstanciais, orientação e opção sexuais, não se justificam entre os homossexuais religiosos.

Na Babilônia, os escravos hebreus Daniel, Hananias, Misael e Azarias eram eunucos e serviram no palácio do rei, porém não há registros que tenham sido emasculados. Pelas normas aplicadas a escravos destinados a servir em palácios, teriam de ser. Além disso, foram levados à Babilônia em pagamento de dívidas de guerra. Os escravos não tinham poderes sobre si próprios. Assim, podem ter sido escolhidos de forma aleatória por serem congênitos ou por características apropriadas.

Uma classificação criteriosa foi desenvolvida pelo eunuco chefe chamado Aspenaz: eles tinham que ser educados, bonitos e já terem condições de atuar no palácio de acordo com as exigências do rei. Na voz de Daniel, entendemos por que Cristo defendeu os eunucos em resposta aos seus discípulos quando questionado sobre o casamento. Para ele, acima de qualquer conceito popular, adorar a Deus sendo eunuco ou homossexual consciente era muito importante, como ele demonstrou ao chamar a atenção daqueles que exaltavam a si próprios por acharem-se melhores do que os outros (Lucas 18:9-14).

No antigo Egito, Potifar, um grande executivo do Estado, era eunuco e tinha esposa, mas não se sabe em que condições sua vida matrimonial se passava, pois o escravo José, um dos 12 filhos de Jacó, foi abordado por essa mulher de Potifar em busca de relações sexuais. Ao que parece, ela não estava satisfeita com a cumplicidade sentimental do marido eunuco (Mündlein, 2010, p. 59), caso contrário não teria se submetido a essa perigosa tentativa de estupro tão incomum (ao atacar um adolescente escravo) partindo de uma mulher adulta de classe social elevada. É certo que as defesas de um escravo não valeriam nada diante de uma autoridade como Potifar,[24] pois além de esposo da mulher em questão, era uma autoridade do governo.

---

[24] No antigo Egito, muitos funcionários dos palácios não eram castrados, mesmo sendo identificados – por imposição da semântica – como eunucos. Além de Potifar houve Seneb, responsável pelo guarda-roupa do faraó (final da V dinastia 2450-2300 a.C.). Apesar da estreita intimidade com os familiares do rei, esse alto

Faz tempo que a palavra *eunuco* entrou em desuso. Essa antiga classe de importantes membros atualmente é identificada entre os homossexuais, apesar dos protestos de muitos evangélicos. Se os eunucos ainda fossem identificados com esse nome teriam grandes problemas com os preconceituosos. Ao não proferir condenação alguma contra eles e ainda ao chamar a atenção dizendo que "nem todos são aptos para receber esta palavra" – aqui fazendo referência aos de fora em relação aos eunucos emasculados –, Jesus alegou haver naquela época um público intolerante às diferenças. Portanto comentou esse assunto somente com determinadas pessoas (as aptas) a fim de evitar falatórios.

Em nossos dias, todos esses cuidados vistos em Jesus para com os eunucos são exemplos para homossexuais desejosos de pertencer a uma comunidade religiosa cristã. Vimos nesse episódio uma grande atuação de Cristo em defesa da ética. A exclusão nunca fez parte de Seus ensinamentos. Porém percebemos que um homossexual em busca de espaço, sem a devida prudência, pode exercer a intolerância também.

O filósofo Alexey Dodsworth Magnavita (entre 2007 e 2017) relatou algumas conclusões do também filósofo Michel Foucault e seus pares a respeito dos procedimentos para a aquisição dos direitos dos homossexuais. Nesse propósito, pareceram um tanto inflexíveis sobre o comportamento homossexual dentro do ambiente social de forma geral. Possivelmente, o conceito de Foucault e seus apoiadores foi pensado somente no público europeu, atualmente bastante indiferente ao sentimento religioso.

No Brasil, a religiosidade tem sido o oposto aos países da Europa, pois tem atraído convertidos como nunca. Há um crescimento fenomenal entre os evangélicos e muitos católicos não praticantes estão se identificando entre os devotos. E o homossexual religioso precisa atentar-se para

---

funcionário do palácio real não era emasculado. Seneb era anão e tinha mulher e dois filhos (Einaudi, 2009, p. 42). Na Mesopotâmia, os funcionários dos palácios eram rigorosamente selecionados. Seneb, por ser anão, jamais trabalharia no palácio de Nabucodonosor, conforme informações do profeta Daniel. Quanto aos eunucos submetidos à emasculação, uma mudança substancial era percebida em suas vidas. Esses eunucos passavam a apresentar sinais de pessoas afeminadas, com a voz aveludada, aflautada. Pelo que percebemos, muitos dos que eram escolhidos para atuação nos palácios – sobretudo entre entre os escravos –, previamente já apresentavam significante manifestação afeminada, com aparência delicada, eram atipicamente educados, tinham rostos bonitos e gestos comportamentais suaves, como no caso dos escolhidos entre os hebreus escravos transferidos de Jerusalém para a Babilônia (Daniel 1:3-4; Versão Almeida, 1982). Estudos apresentados pela revista *Scientific American* (Kirkwood, 2016, p. 71) afirmam que "no passado, eunucos eram membros da elite em muitas sociedades. Na China, meninos eram castrados para que pudessem servir ao imperador sem o risco de engravidar (fecundar) suas concubinas. Na Europa, essas práticas extremas foram utilizadas para manter a sublime qualidade de canto de meninos à medida que eles transitavam para a adolescência".

alguns concelhos aparentemente favoráveis, mas que podem condizer à intolerância ou até mesmo ao preconceito.

Para Foucault, Deleuze e Veyne e Magnavita, (ente 2007 e 2017, p. 17), é preciso "[...] criar um modelo de vida gay que admita a pluralidade, um modo que se recrie continuamente, buscando maneiras de sabotar qualquer espécie de normatividade" (Simanke, 2008, p. 17). Excluído o sabotador é aquele que impede ou dificulta um propósito de alguém que esteja em desacordo com seus próprios interesses – no caso de Foucault, qualquer normatividade. Assim, é preciso cautela com as sabotagens, pois não são todas as normatividades favoráveis ao homossexual cristão. O ato de sabotar possui também sabor de obstrução marginalizada ou traição. O homossexual cristão deve ser ousado, intrépido, porém prudente.

Ao abraçar a conduta cristã participativa, o homossexual deve estar consciente de que possíveis problemas podem surgir. Para isso é necessário estar preparado, pois ele é protagonista de uma diferença. O melhor seria não alimentar imposições extremistas ao convívio comum, caso contrário pode trazer prejuízos marcantes para a fé. É preciso ainda ter em mente que se a intolerância alcançar níveis insuportáveis, a ruptura pelo homossexual prejudicado somente seria admitida com a saída do grupo a que pertence em busca de um novo horizonte sem o abandono da fé. As convicções, tanto da fé quanto da condição homossexual, levadas do convívio ambiental intolerante, automaticamente conduzirão do equilíbrio dentro do novo ambiente cristão saudável encontrado.

As evidências apontam o homossexual cristão como um adorador em potencial capaz de prestar um culto genuíno a Deus como qualquer cristão realmente convicto de sua fé. Muitos, a fim de manterem a ordem, ao participarem de um grupo em que há cristãos menos tolerantes, preferem o silêncio e, às vezes, até o anonimato, para não perderem o convívio com os demais irmãos. Essa posição é pessoal e, de acordo com a ocasião, é possível que seja praticada.

No entanto reitero aqui que pertencer a uma comunidade religiosa em que a liderança seja intolerante terá a difícil tarefa de sorrir diante de inimigos, além de ser quase impossível reunir-se em culto de adoração a Deus com eles. Parafraseando o nome do filme *Dormindo com o inimigo*, seria basicamente.

Somente quando o homossexual convicto enfrentar e vencer essas dificuldades sem renunciar a sua devoção, os intolerantes poderão conhecer de perto a fé que professa. Verão que essa determinação em adorar é a prova de que mesmo diante de opositores extremos dentro da igreja, jamais desistirá de executar suas práticas devocionais.

Ser homossexual em meio a um grupo religioso hostil exige algum sacrifício em favor do culto pessoal (e muitos conseguem permanecer). É um desafio gratificante, com constante exercício de capacitação por meio da fé, com sublimação nos possíveis sacrifícios. Essa capacitação pode ser manifestada com destaque, como alguns já conhecidos artistas plásticos e músicos religiosos, além de conselheiros, preletores teólogos e exegetas, tanto entre protestantes praticantes ou católicos.

É preciso esforço dos homossexuais religiosos para não caírem em tentações que possam causar vexame, porém maior esforço está entre aos que, de alguma forma, exercem posições de destaques. A conhecida precedência de competências entre os homossexuais (por empenho desmedido) não condiz com fraqueza e pode até calar preconceitos, pois devoção e escândalos não combinam.

Alguns cristãos homossexuais renascentistas usaram a arte diante de percalços insustentáveis. Michelangelo, ao pintar o Juízo Final na Capela Cistina, assim como outras obras de representação da Igreja Católica, colocou o clero diante de ponderações sobre sua condição homossexual. É grandioso aos homossexuais de hoje meditarem em determinadas condenações baseadas em convicções religiosas e, ao mesmo tempo, saberem que o recinto mais sagrado para os mais acirrados adoradores que os condenam foi trabalhado por um homossexual. "Para Freud, a atividade artística e a atividade intelectual são as formas mais altas da sublimação" (Chauí, 1991, p. 67).

Após sua morte, Michelangelo ainda teve suas poesias dedicadas ao seu amor do mesmo sexo adulteradas. As palavras que identificavam declarações de amor do escultor e poeta para seu parceiro foram substituídas numa tentativa de maquiar sua condição homossexual. A igreja encarregou-se dessas substituições, alegando máculas ao grande número de artes sacras executadas por um homossexual.

O famoso quadro da Santa Ceia executado por Leonardo da Vince é outro exemplo de manifestação religiosa homossexual, mas uma das contribuições homossexuais mais significantes para o mundo cristão foi a versão da Bíblia Sagrada para a língua inglesa comandada por King James, da Inglaterra. Há ainda inúmeras produções sacras de autoria de homossexuais usadas nos cultos das várias denominações religiosas, mas com a homossexualidade desses autores ignorada entre os membros das igrejas.

Bem próximo aos nossos dias, em meados do século XX, o escritor Otto Maria Carpeaux (1958) fazendo referência aos compositores Mussorgsky e Tchaikovsky – em sua obra *Uma nova história da música* –, qualificou-os de anormais sexuais por serem homossexuais. Esse conceito existia no juízo de muitos intelectuais ao tratarem da questão homossexual e, apesar dos esforços educacionais, atualmente ainda existem. Se aqueles que não declaram responsabilidade religiosa são tratados dessa maneira, como seria, então, com os devotos declarados? Aos biógrafos menos exaltados está a explicação da omissão da condição homossexual em muitos artistas cristãos.

O homossexual cristão adulto e consciente jamais deve submeter-se ao auxílio de conselheiros como acontece aos alcoólatras e aos compulsivos em geral. Esses comportamentos são manifestações patológicas de ordem psíquicas e precisam de tratamento. A homossexualidade, não. Se não houver nenhuma condição desfavorável ao convívio social, não há justificativa para ser submetido a seções de aconselhamento por causa da condição. Da mesma maneira seria submeter o negro a aconselhamentos tendo como justificativa a cor da pele. É dentro desse princípio autêntico de firmeza na identidade que o homossexual necessita posicionar-se. Qualquer baixa da autoestima por situações negativas deve ser combatida, o que é inadmissível por uma condição sexual, pois ela não é consequência negativa.

Em determinadas circunstâncias, o avanço do negro quanto ao preconceito tem sido promissor. Porém o passado das generalidades negativas atribuídas à raça não está tão distante. O etnólogo Andreas Lommel (1979, p. 168), do Museu de Munique, escreveu: "Essa situação de ameaça que paira sobre a existência da arte ocidental contrasta com o espírito inesgotável do negro, que talvez não seja exaurível por ser ele incapaz de racionalização". Lommel não foi diferente dos que comentam de forma descontraída em alguma esquina: "Minha cunhada é negra, porém é muito asseada". Ou: "Ele é negro, mas é melhor do que muitos brancos", ou "Ele é um negro de primeira linha".

Semelhante comentário foi dito por Sheldon Cheney em seu livro *História da arte*, quanto aos homossexuais: "Pessoalmente, Leonardo da Vince e Rafael foram cultos, agradáveis, mesmo efeminados" (1995, p. 114), ou seja: pessoas cultas e agradáveis não podem ser homossexuais. Essas são manifestações que um negro ou um homossexual, no usufruto de sua cidadania, feliz com a vida, identificariam como uma grande falha conceitual. Nesses "elogios", há uma total ausência de conhecimento da dignidade ou uma falta de reflexão.

Há pouco mais de cinco décadas, um romance do escritor brasileiro Monteiro Lobato (1964) relata uma impressão pouco otimista em relação aos negros norte-americanos ao prever um presidente da raça somente para o ano de 2228. Não fosse uma alegoria, seria um engano de 220 anos, mas no estágio de animosidade de alguns preconceituosos, a eleição do negro Barak Obama, em 2008, para presidente dos Estados Unidos, mostrou o quanto a admissão de inferioridade racial é irracional.

Semelhantemente às conquistas raciais diante do preconceito, a imposição dos homossexuais com seus avanços significantes na sociedade tem mostrado que o passado sombrio, apesar de próximo, não voltará jamais. Os empecilhos relacionados à questão religiosa vencidos com a força da fé no Supremo Deus por meio da Bíblia embasa a convicção do valor do ser homossexual, sendo o próprio um instrumento de propagação positiva da questão.

As manifestações na mídia por líderes religiosos e políticos contra a homossexualidade têm sido muito comuns nesses tempos em que os homossexuais têm exigido mais respeito e mais direitos. Pastores, parlamentaristas e até candidatos à presidência da República – maioria membros de bancadas evangélicas em países democráticos – têm apresentado contundentes defesas de suas opiniões, contudo são oportunistas. Quanto aos políticos, a segregação visivelmente acontece, tendo os olhos voltados para os votos dos leitores que se alegam defensores da família tradicional.

No Brasil e nos Estados Unidos, o comportamento dos líderes religiosos tem sido semelhante. "Consistente com as Escrituras" foi o assunto publicado pela revista brasileira *Cristianismo Hoje* (Fernandes, entre 2009 e 2020) ao relatar que o pastor Brian Houston, da Igreja Evangélica Hillsong, em Nova York, afastou da regência do coral o maestro Josh Canfield sob acusação de homossexualidade.

O pastor Houston, ao atender ao clamor dos indignados admiradores da igreja depois de ouvirem as declarações de Josh Canfield sobre sua relação homoafetiva com Reed Kelly – outro membro da igreja e participante do coral –, afirmou que a postura da Igreja em relação ao assunto é "Consistente com as Escrituras". Disse, ainda, que Canfield e Kelly não atuariam mais na igreja de forma ativa (Fernandes (entre 2009 e 2020).

"Consistente com as Escrituras" é o mesmo que de acordo com os preceitos bíblicos. Os dois criticados pelos intolerantes da igreja continuam membros, mas não atuam mais de forma ativa, ou sejam, não atuam em nenhum departamento da igreja, por exemplo, como ministro de música ou de educação religiosa.

Percebe-se que o pastor tomou a decisão de afastar o casal homossexual da liderança do coral não por vontade própria, mas por pressão dos membros e simpatizantes da igreja em todo o mundo. Apesar do que aconteceu, podemos dizer que o casal foi menos perseguido, pois muitas igrejas sequer permitem a presença de homossexuais entre seus membros.

As igrejas protestantes históricas, diante de algumas ameaças de práticas alheias as suas doutrinas fazem uso contundente do *fundamentalismo*. Os batistas americanos foram os criadores e os primeiros a usarem os mecanismos fundamentalistas, em 1920, para manutenção da identidade da denominação (Campos, 2009). No final do século XIX e início do XX houve uma explosão de novos conceitos religiosos em algumas igrejas protestantes tradicionais, sendo as batistas muito afetadas.

Entendo a necessidade dessa ferramenta como manutenção da identidade da doutrina, porém a prática tem se tornado uma vergonhosa arma quando usada por preconceituosos. Muitos aproveitam o púlpito para, em nome do fundamentalismo, limitar o exercício das mulheres no culto e execrar homossexuais. O que esses líderes alegam é que os princípios da doutrina não podem ser violados e quem quiser pertencer ao quadro de membros da igreja precisa estar de acordo com os fundamentos preestabelecidos.

Na época dos hebreus, no deserto, a caminho de Israel, muitos adoradores foram proibidos de participar dos rituais sagrados no tabernáculo. Os hansenianos não podiam permanecer nem mesmo dentro dos arraiais. Mais tarde, quando as cidades foram edificadas e muradas, qualquer cidadão suspeito de ter essa doença era colocado além dos muros. Houve dois motivos principais para esse procedimento: um era o perigo da contaminação e o outro é que a doença era vista como um castigo divino.

Esse passado tão distante com o povo hebreu está muito atual em nossos dias, com a exclusão dos homossexuais em muitas igrejas. Cristo fez justamente ao contrário. Não somente recebeu em seus braços os hansenianos, os deficientes e os banidos do convívio religioso pelos escribas e fariseus, como visitou-os nas periferias e nos arraiais. A hanseníase hoje é curável e não é um castigo divino. Com todo o conhecimento desse século, se a intolerância a homossexuais entre os congregados não for por receio à "contaminação", ou pela crença do abandono divino, não resta alternativa, a exclusão é por preconceito.

Segundo a Associação Psiquiátrica Americana, 15% da população americana é homossexual e, nesse montante, 13% "escondem-se" e/ou constituem famílias com mulher e filhos nos moldes heterossexuais (Trasferetti, 1999). No Brasil, o número de gays era estimado em 14%, segundo o *Globo Rep*órter de 23 de setembro de 2016 (estimativa semelhante aos dos americanos), ou seja, entre 29 e 30 milhões de pessoas da população brasileira eram homossexuais naquela época.

Seguramente, os casamentos híbridos são uma maneira de tentar driblar a sociedade intolerante, pois muitos, por meio de tentativas furtivas, buscam de alguma maneira satisfação para seus desejos homossexuais. Geralmente, os que não estão familiarizados com a questão, ao identificarem um homossexual casado, podem imaginar que se trata de um caso de bissexualidade, porém, segundo o psicanalista Alfred Kinsey, o comportamento bissexual, conforme já comentado, é muito raro.

Havendo diferentes culturas religiosas entre os cristãos, grande parte dos protestantes cria os seus filhos de maneira diferente, principalmente dos católicos. Verificamos que dentro de um ambiente evangélico de origem puritana é mais difícil identificar um homossexual. Há os que abandonam a religião da família em busca de liberdade enquanto outros permanecem escondidos, numa esperança de redenção sem fim.

Quanto à Igreja Católica, o Papa Francisco, reunindo esforços na tentativa de vencer essas barreiras – brigando com as alas conservadoras da Igreja –, tem dado mostras de tolerância. Mostra que a aceitação de homossexuais na igreja é coerente com Cristo, enquanto entre os evangélicos ainda há cultos em que os pastores humilham e direcionam homossexuais ao inferno.

Um adolescente de consciência homossexual não assumida, num ambiente desses, está abandonado, sem pai, sem mãe e sem amigos, de quem poderia ouvir um conselho ou ter consolo. Condenações dessa magnitude feitas por inúmeros líderes religiosos – totalmente desnecessárias diante dos preceitos de Jesus Cristo –, levaram ao surgimento de diversas instituições homossexuais de caráter religioso, com a finalidade de acolher homossexuais excluídos de suas comunidades.

Se a ética de Cristo fosse levada a sério, tudo isso seria resolvido dentro da mais expressiva religiosidade. Os homossexuais estariam de fora somente se Cristo não tivesse vindo ao mundo como prometido desde Gênesis. Todos estariam debaixo da lei e não da graça. Os rituais sagrados dos hebreus não estariam apenas relegados à história, eles continuariam sendo praticados no presente por todos os que acreditam em Deus. Portanto aquele período mais antigo, referente ao comportamento e cerimoniais sagrados dos fiéis, depois de Cristo é passado. Todos os pecadores cristãos, por meio de Cristo, estão salvos da condenação, mas essa salvação não acolhe aqueles que fazem uso das práticas delinquentes e abomináveis inerentes à vida cotidiana. A eles, as leis constituídas entre os povos, independentemente de preceitos religiosos, cuidarão com a devida justiça.

Flavio Josefo (2011, p. 832), descendente de uma nobre família sacerdotal em Israel e historiador renomado do primeiro século (apesar de suas induções homossexuais ao povo de Sodoma) admitiu em Cristo o próprio Deus.

> Nesse mesmo tempo, apareceu Jesus, que era um homem sábio, se é que podemos considerá-lo simplesmente um homem, tão admiráveis eram as suas obras. Ele ensinava os que tinham prazer em ser instruídos na verdade e foi seguido não somente por muitos judeus, mas também por muitos gentios.

A expressão "... um homem sábio, se é que podemos considerá-lo simplesmente um homem...", evoca uma condição pessoal de Josefo, colocando Jesus acima de todos os homens. Se há a certeza em considerá-lo um ser humano por sua sapiência e capacidade de resolver os problemas humanos, só resta admiti-lo como Deus.

As condições para a convicção de Josefo nessas palavras com certeza estão além das razões emanadas da Ética de Cristo. Em outra condição, a simpatia do ateu convicto e escritor gaúcho Erico Veríssimo (1980, p. 132) destaca a necessidade da observação da ética cristã para a solução de muitos problemas relacionados ao comportamento humano.

> Sinto grande admiração pela figura histórica de Cristo e acredito sinceramente em que, se a ética cristã fosse realmente posta em prática, as criaturas humanas poderiam resolver os seus problemas de convivência num mundo que cada dia se complica mais e mais pois leva à solidão e à agressividade.

Todos os que primam pela paz, pela beleza, pelo respeito ao próximo e pela atuação contra a exclusão social apontam Cristo como referência. Marguerite Yourcenar (1983) declarou "O cristianismo insistiu muito na salvação individual, e tinha razão, no sentido em que toda 'alma salva' é um ganho para todos, mas criou a falsa impressão de uma espécie de egoísmo espiritual que, na verdade, os santos jamais tiveram".

> "Enquanto houver na rua uma velha mulher surda, um mendigo cego", diz o Père Chica, em Rendre, a César, "enquanto houver na rua um burro sofrendo sob sua carga, um cão esfaimado que vagueia, faça com que eu não adormeça na paz de Deus" (Yourcenar, 1983, p. 239).

Não fosse a ética, as referências de Yourcenar estariam na contramão do testemunho de sua vida, já que ela não professava a fé cristã. Tais posições a respeito do Mestre apresentam a abrangência da excelência de sua ética. Era de admitir-se que toda essa exaltação fosse emanada somente de seus adoradores, no entanto o que vimos traduz-se em admiração em muitos daqueles que, defendendo suas opiniões relacionadas à ética, recorrem a Cristo em busca de apoio para grande parte daquilo que defendem.

A grande observação de Yourcenar em "mas criou a falsa impressão de uma espécie de egoísmo espiritual..." é, indubitavelmente, visível nos cristãos de fachada, não alcançados pela Ética de Cristo, pois acham que a salvação existe somente entre eles: intolerantes e preconceituosos. Esse "egoísmo espiritual" é responsável por muitas barreiras excludentes dentro das igrejas evangélicas, geralmente aceitas pela maioria, por ostentarem manifestações em favor da ordem eclesiástica ou de luta contra pecados.

A defesa da fé em Deus pelo homossexual cristão é um grande auxílio na busca pela liberdade junto aos demais cristãos não homossexuais. Como vimos, muitos indiferentes à religião – sem fé –, mas defensores da ética cristã, por vários motivos servem-se da eficácia dos planos de Jesus na defesa de seus direitos contra a ignorância e na busca de liberdade.

Yourcenar (1980) notabilizou a homossexualidade em *Memórias de Adriano*, exaltando a augusta determinação do imperador Adriano quando da defesa de seu amor pelo jovem grego Antinoo. A prática da ética não depende da religião de quem a defende. Aristóteles mostrou essa virtude quase 400 anos antes de Cristo, já que nos evangelhos há conselhos compatíveis. Esse paradoxo manifestado entre tantos não religiosos, outros antes de Cristo, antecipando os conselhos éticos do Mestre, é uma chamada de atenção aos cristãos quanto ao mal do "egoísmo espiritual". Cristo veio para todos.

Apesar das barreiras, a partir de meados do século passado têm surgido, principalmente nos Estados Unidos, muitas organizações religiosas cristãs para acolhimento a homossexuais, cristãos ou não, entre elas: igrejas com pastores ou padres e demais líderes religiosos homossexuais, como Evangelicals Concerned (Evangélicos Preocupados) e Homossexual Metropolitan Community Church (Igreja Comunitária Metropolitana Homossexual).

No Brasil, no final do mesmo século, algumas organizações, a exemplo das mencionadas nos Estados Unidos, também surgiram em São Paulo, Rio de Janeiro, Goiás etc. E num passo importante para os homossexuais evangélicos está a Igreja Batista do Pinheiro, na cidade de Maceió, que a partir de 2016, passou a aceitar homossexuais em seu rol de congregados por maioria de votos entre os seus membros (Santos, 2016, p. 26).

A atitude desses batistas revela a resolução de um problema crucial para os homossexuais nascidos dentro da denominação e que são hostilizados. Ela abriu as portas para algo que cristão nenhum deveria fechar os olhos, pois um homossexual nascido em um lar cristão pode ser um homossexual cristão dentro da própria comunidade religiosa em que foi criado. Um homossexual cristão não acolhido pelos seus irmãos na fé pode cair em braços errados, geralmente nos braços daqueles que também estão desgarrados e precisando de ajuda.

As demais organizações de proteção a homossexuais também exercem grande auxílio aos que estão fora do convívio religioso, contudo algumas estruturas são aparentemente reduzidas a guetos. Vários dos líderes dessas novas organizações saíram de igrejas intolerantes, onde exerciam liderança. Há ainda muitos que se exilam e abandonam a igreja em que nasceram por não suportarem mais o ambiente desfavorável. Eles saem seguros de suas conversões, mas sem se organizarem religiosamente em outros campos para manterem a profissão da fé cristã por motivos particulares.

A profissão de fé é uma religião. Esse conjunto de rituais sagrados praticados pelo devoto revela convicção e íntima relação com o Ser adorado. Aos cristãos é uma realização em que a partir da consciência estabelecida, ao abraçar o Deus Eterno, é processada numa religação espiritual entre criatura e Criador. Essa estrutura religiosa pode ser uma denominação batista, católica, luterana, anglicana ou pentecostal, e deve ser defendida pelo homossexual com intrepidez, pois é a instituição do cristão em que a convicção é dinamizada. Em casos de intolerância, a saída do ambiente religioso em que foi nascido ou convertido, somente deveria ser executada na ausência de todos os recursos contra o preconceito.

A existência de uma Comunidade Religiosa Homossexual pode amparar muitos religiosos desgarrados de suas denominações de conversão. Um bom exemplo de resistência é verificado no compositor evangélico Arthur Seymour Sullivan que, apesar das notícias de sua homossexualidade (Hilton, 1992), numa época em que a intolerância entre os evangélicos era muito mais acirrada, manteve-se firme na fé contribuindo com suas músicas nos mais importantes hinários evangélicos em todo o mundo.

No Brasil, o hinário "Cantor Cristão" dos batistas, a linda melodia Confiança n.º 368, é uma das mais cantadas nos cultos das igrejas tradicionais. Sullivan, além de compositor, era também arranjador. No Hinário Salmos e Hinos dos presbiterianos, a música *O servo do Senhor*, de n.º 1, é uma composição de Franz Joseph Haydn, com harmonia própria. Além dessa, há mais 10 músicas cantadas pelos presbiterianos entre composições e arranjos próprios.

Os adventistas e mórmons também cantam em seus cultos músicas de Arthur Seymour Sullivan. Com a profissão de fé de Sullivan e tantos outros homossexuais que contribuíram com a música sacra evangélica, vemos que não há limites para um cristão expor a sua convicção, apesar das barreiras. À proporção que os direitos dos homossexuais forem adquiridos, há uma grande probabilidade de tais organizações – igrejas cristãs para homossexuais – perderem suas características de igrejas homossexuais, como aconteceu com muitas igrejas criadas para negros nos Estados Unidos e na África do Sul.

A desmotivação dessas igrejas é uma prova de que as comunidades religiosas para negros somente existiam por uma deficiência social, assim como ainda acontece com as que são direcionadas para os homossexuais. Com a diminuição da intolerância entre brancos e negros, muitas divisões raciais religiosas não tiveram mais razão de ser, transformando a comunidade em um só corpo e espírito – brancos e negros louvando ao mesmo Deus em um mesmo espaço. É o que também se espera haver entre homossexuais e heterossexuais.

Como já mencionado, há, no entanto, dentro das igrejas, inúmeros homossexuais casados. Entre os que não têm compromisso com a fé, para cada 15 somente 3 não são casados, mais ainda seria dentro das igrejas evangélicas. Alfred Kinsey, um dos maiores pesquisadores da homossexualidade, afirma: "[...] o comportamento bissexual verdadeiro é extremamente raro. O que acontece na maioria das vezes são homossexuais que adaptam a situações difíceis" (Trasferetti, 1999, p. 52).

Continuando, os maiores entraves estão entre os adolescentes homossexuais, como afirma Stefano (2008, p. 38):

> Por todos os lados histórias e testemunhos de rapazes e moças que, ao pedirem ajuda ao pastor por sentirem atração por pessoas do mesmo sexo, foram expostos ao ridículo na frente da congregação toda ou expulsos da comunhão sem a menor assistência. Outros são obrigados a contraírem matrimônio em meio à dúvidas apenas para provar sua sexualidade para a congregação.

São inúmeros os testemunhos em que a vida de homossexuais dentro de uma igreja dirigida por intolerantes é um problema sério quando as suspeitas de suas condições sexuais começam a circular na congregação. Esse desconforto é bem mais visível no homem, pois quando passa dos 30 anos sem ter ao lado uma mulher, é comum ouvir nas pregações ou oficinas religiosas recados constrangedores a homossexuais.

Alguns pastores conduzem essas mensagens religiosamente dentro dos padrões do episcopado. Outros, porém, de comportamento irreverente respaldados por autoridades políticas, apresentam-se com esquisita pregação e com as gargantas rígidas e, esbravejando, proferem em seus aconselhamentos palavras depreciativas como bichona, sapatão e gaysão, e geralmente finalizam suas pregações responsabilizando os homossexuais pelo surgimento da Aids, como um castigo de Deus.

Essa postura de alguns líderes religiosos é um aviso de que homossexuais na congregação não serão tolerados. No entanto tais agressões verbais, proferidas tanto por líderes religiosos quanto por autoridades políticas, revelam um inconsciente denunciador contra eles próprios.

Segundo Brian Lancaster (1995, p. 127): "Do ponto de vista psicológico, aquilo que rejeitamos em nós mesmos se inflama no inconsciente". No entanto, antes de Lancaster, Cristo comentou primeiro essa mesma questão do inconsciente traidor nos incomodados. Suas palavras em "Não julgueis para que não sejais julgados" (Mateus 7:1 Versão Almeida 1982, p. 9), são o inconsciente dos caluniadores.

Em um ambiente religioso que conta com a presença de líderes intolerantes, muitos homossexuais buscam alternativas. Não me compete aqui discorrer sobre a constituição de famílias homossexuais nos moldes heterossexuais. Quero apenas relatar que inúmeros arrependimentos tardios entre fiéis religiosos e seculares frequentemente surpreendem o público, enquanto outros conduzem a vida sem muitos segredos.

Um fato muito emblemático nesse sentido foi o do compositor russo dos balés *O lago dos cisnes* e *O quebra-nozes*. Tchaikovsky tentou vários relacionamentos fictícios e houve o casamento com Antonina (Nina) Miliukova, um problema estressante que durou menos de um mês. Esses desmontes sociais parecem produtos do arrependimento, às vezes bastante tardio.

O escritor e dramaturgo britânico Oscar Wilde também já estava casado quando assumiu publicamente o seu relacionamento com o Lorde Alfred Douglas. Wilde teve sérios problemas com a justiça britânica por causa desse envolvimento sentimental. (Wilde, 1982). Na prisão, acusado injustamente de crimes de natureza sexual pelo Marquês de Queensberry, pai de Douglas, fez a seguinte declaração:

> Das oficinas de um carpinteiro de Nazaré surgiu uma personalidade infinitamente maior do que qualquer outra que já houvesse sido criada em mitos ou lendas, uma personalidade cujo destino – por estranho que possa parecer – seria revelar ao mundo o significado místico do vinho e a verdadeira beleza dos lírios do campo.... (Wilde, 1982, p. 77).

Aqui, o escritor homossexual chama a atenção para o fato de o primeiro milagre de Cristo ser justamente em favor do prazer de se beber um bom vinho, mas para o cristão convicto, para se ter o prazer de beber um bom vinho e viver a vida da melhor maneira possível, primeiramente é preciso compreender o significado da salvação da alma sem perder as oportunidades que o próprio Deus proporciona.

Os melhores prazeres da vida não podem ser abandonados por aqueles que creem. O bom proveito de ser um homossexual prudente está também em saber apreciar um bom vinho. Cristo, convidado para uma disputadíssima festa de casamento, ao perceber que os participantes haviam excedido o número de convidados, usou uma de suas atribuições divinas para providenciar em Caná, da Galileia – como observou Wilde –, o melhor vinho, evitando, assim, uma grande decepção.

Em conformidade com a prudência nas palavras do próprio Mestre, todos esses caprichos são a alegria da alma, porém se houver exageros, o crente, na condução do destino próprio, terá de contê-los ou optar por maior brevidade da vida (Lucas 12:19-21). É possível evitar a postura de aparente legalidade conjugal diante da sociedade, como reduziu Alfred Kinsey ao definir essas adaptações em situações difíceis (Trasferetti, 1999). Nesses moldes, mais tarde a vida conjugal pode ficar muito difícil e medidas complicadas para desfazer tudo podem precisar ser tomadas.

Já vimos que todas essas medidas são mecanismos para fugir daqueles que usam a questão homossexual para difamação, e o homossexual cristão, em busca da lisura de sua reputação, sente-se constrangido ao ser difamado injustamente. A fuga da injusta reputação apoiada por líderes religiosos de uma grei leva o homossexual cristão não somente a se esconder por trás de um arranjo conjugal; muitos abandonam o meio religioso hostil. E, no fundo, todas essas medidas são desnecessárias se os conselhos de Cristo fossem levados em conta.

Entretanto nem Ele foi poupado pelos difamadores, e as calúnias dirigidas a ele nem sempre se limitavam ao âmbito religioso, também tentavam atacá-Lo na parte moral. Várias vezes Cristo usou sua própria pessoa para orientar os injustamente difamados a como enfrentar tais aborrecimentos. Suas palavras, naqueles idos de dois mil anos, são tão atuais que parecem dirigidas aos caluniados de hoje. A maioria das mensagens de Cristo era universal, direcionada a todos os cidadãos de forma geral. Houve momentos em que escolheu público até de cinco mil pessoas, mas outras vezes falou a apenas uma pessoa. Ao direcionar suas palavras a uma pessoa, fazia-o para, por meio dela, chegar a outras pessoas em situações semelhantes. Cristo fez uso de si próprio e de João Batista para libertar algumas pessoas abatidas por calúnias ou difamações:[25]

> Mas a quem hei de comparar esta geração? É semelhante a meninos, que sentados nas praças, gritam aos companheiros:

---

[25] Essas palavras de Jesus Cristo expõem uma de suas constantes refutações às conversas difamatórias. Jesus bebia vinho e comia bem, do quanto lhe oferecessem, em casas de ricos ou nas dos mais humildes. João Batista pregava no deserto, não tinha roupas adequadas e alimentava-se daquilo que o deserto lhe oferecia. Mel de abelhas e gafanhotos, provavelmente tostados, faziam parte do seu cardápio. No Ocidente, esses animais não existem no cardápio, mas em certos países do Oriente ainda são iguarias muito requisitadas (Gênesis 11:22, Versão Almeida, 1982). O não comer nem beber falado por Jesus refere-se à ausência de refeições tradicionais regadas a vinho e carne. Falavam mal de João Batista por ele ser simples, da mesma maneira de Jesus por participar de festas, beber e comer bem. O exemplo de Jesus vale para os homossexuais cristãos. Há difamadores em todos os tempos e em todos os lugares. Difícil é escapar deles.

Nós vos tocamos flauta, e não dançastes; entoamos lamentações, e não pranteastes. Pois, veio João, que não comia nem bebia, e dizem: Tem demônio! Veio o Filho do Homem, que come e bebe, e dizem: eis aí um glutão e bebedor de vinho, amigo dos publicanos e pecadores! Mas a sabedoria é justificada por suas obras" (Mateus 11:16-19; Ryrie, 2008, p. 926).

Culturalmente, nesses últimos tempos – vamos lembrar aqui mais uma vez –, fé e a ciência têm-se tornado em um paradoxo estranho e improcedente, pois ambas caminham perfeitamente juntas e os homossexuais cristãos precisam admitir essa verdade, visto que a principal manifestação dos que rejeitam a ciência em *defesa da fé* é um fenômeno antibíblico geralmente identificado entre os negacionistas.

Quando Einstein chama à atenção para o reconhecimento do centro da eternidade destacando algo que esteja acima de toda essa estrutura, ele expõe a ciência como fator primordial para a aproximação deste Centro – Deus. Então o princípio do negacionismo diante dos conceitos de Einstein (Jammer, 2000) não tem base científica, e sem a ciência, o sagrado das Escrituras vira mito, lenda e cosmogonia, pela recusa à perscrutação racional em defesa de uma fidelidade cega comum entre as ideologias e até mesmo religiosidades atreladas a lideranças políticas, muitas vezes equivocadas ou pretenciosas.

Os protestos, apesar da semelhança ao negacionismo, têm causa racional em nome da ordem e do óbvio, com enfrentamento aos tiranos ou déspotas. Podem ser uma arma contra o negacionismo insano institucionalizado. Depois de Cristo, as mudanças mais espetaculares acontecidas no mundo renascentista foram por consequência de protestos, tendo a palavra protestante representado uma grande manifestação contra os abusos de autoridades religiosas.

Com o visível diante de nós – o universo – a partir de um princípio invisível – Deus –, crer somente nesse visível, dispensando a razão de sua existência, não faz sentido algum. A fé em Deus é um atributo do entendimento racional. De posse desse entendimento e dessa aceitação, o homossexual cristão investe em sua fé, professando-a de forma substancial por meio da adoração pessoal a Deus e, com maior esforço, por meio da participação congregacional nos rituais sagrados do culto divino. Essa participação processa-se com louvores de agradecimento ao Criador pela vida.

O salmista deu-nos um bom exemplo quando disse: "[...] Deus é Rei de toda a terra; cantai louvores com inteligência" (Salmos 47: 7; Versão Almeida, 1982, p. 565. Esse salmo é uma solicitação à adoração e cantar com inteligência é cantar com excelência e racionalidade. A lógica está no controle de todas as realizações intelectuais humanas – louvar a Deus de forma racional substitui quaisquer sacrifícios.

A vocação do homossexual para a adoração ao Altíssimo não é diferente da vocação do heterossexual no uso do dom espiritual do louvor para execução de um canto com a alma. O louvor a Deus pode ser praticado com participação na elaboração de belas composições, regência, execução de instrumentos ou por meio da própria voz. Não importa se o louvor está sendo executado em meio a um grande coral, uma orquestra, em um banco de igreja ou apenas num solo. O louvor do homossexual sem pretensões pessoais é uma confissão de fé. Um louvor em alta qualidade – porém isento da intenção de ouvir as palmas –, prova adoração genuína ao Grande Deus. Não quero dizer com isso que o alto louvor só é possível se executado por artistas.

"Aleluia!", palavra tão incidente entre os cristãos, não é um louvor. É um convite ao louvor. É uma ordem. O louvor ao Senhor não se resume pelo número de "Aleluias" ou "Glórias a Deus". Tais palavras são a manifestação do crente para a necessidade do convite à adoração. Não se faz de maneira aleatória, cultural, ou inconsciente. "Louvai ao SENHOR" não se traduz em um ato de manifestação emocionante apenas em dizer "Aleluia! Aleluia!", mas diante do grito imperativo para uma ação em direção à excelência da exaltação ao Supremo, cumprindo a ordem, executando o louvor, contudo fazendo isso com inteligência.

8
O FUTURO DO HOMOSSEXUAL CRISTÃO PRATICANTE

Retomando a análise do entendimento em que o futuro da boa convivência entre homossexuais e heterossexuais religiosos depende muito da renúncia da razão de ambos os lados, vimos que para essa possibilidade tornar-se realidade, a educação religiosa focada contra a intolerância é fundamental entre os cristãos.

Ao apresentarem a sua formação inata e afirmarem não serem responsáveis pela sua sexualidade, os homossexuais defendem a própria razão. No outro extremo, os que exploram a condenação aos homossexuais – sendo essa a razão dos que não toleram – contribuem para as insustentáveis conturbações.

A grande justificativa – como já vimos em outras oportunidades – é que Cristo, em nenhum momento, condenou os homossexuais. Nesse caso, havendo dúvidas quanto à interpretação sobre algum escrito sagrado, como quando Paulo condena os homossexuais de Roma e Corinto, é indispensável o exame contextual em que foi estipulada tal condenação. Se esse exame não for praticado pelos que religiosamente condenam os homossexuais, poderá estabelecer-se aí uma contradição entre a ética de Cristo e a opinião de Paulo, por exemplo.

Nesse caso, muitos poderiam dizer que Cristo, ao contrário de Paulo, não especificou claramente sua opinião sobre a homossexualidade – correto –, mas a ausência da condenação homossexual em todas as suas referências sobre Sodoma elimina a especificação, definindo sua posição de não condenador. Nesse raciocínio, Cristo durante o seu ministério na Terra, em nenhum momento condenou as mulheres por participação nos cultos, apesar disso, não vejo posição antagônica de Cristo frente a proibição de Paulo que as condenaram. A primeira carta de Paulo aos Coríntios, na qual chama a atenção dos homossexuais da igreja (1ª aos Coríntios 6:10, Versão Almeida p. 194) revela uma grande preocupação do escritor frente a uma rebeldia viciada não somente de homossexuais, como também de mais 8 faltosos. Todos os 16 capítulos dessa carta é composto de exortações. Tudo isso justifica a posição irredutível de Paulo dentro daquele contexto sem comprometer o conteúdo espiritual da carta.

Após esses dois milênios, a exclusão da participação da mulher na igreja de Corinto feita por Paulo já não tem tanto efeito em muitas igrejas cristãs de nossos dias. Assim que todos os cristãos tiverem a visão de Cristo, não haverá mais intolerância e certamente findarão as condenações aos homossexuais.

E os homossexuais cristãos não têm motivos para dúvida alguma. Com as palavras do profeta Isaias e Jesus Cristo fazendo referências enfáticas sobre Sodoma sem associá-la à homossexualidade – associação recorrente entre os intolerantes –, foram eliminadas quaisquer ligações dos homossexuais com os delinquentes daquela cidade. Isso basta.

Vimos que a observação dos preceitos bíblicos deve estar constantemente no juízo do homossexual cristão praticante, no entanto, muito do que não foi mencionado no ato da criação faz-se necessário hoje diante da evolução dos tempos referendada por Cristo por meio de Sua ética.

A conquista do bem-estar (da vida) em todas as dimensões deve-se à realidade da evolução geral, inclusive a do entendimento religioso. Quanto a isso, deveria haver entre os cristãos maior atenção dos ministros, não no engajamento de diretrizes para adaptação da Bíblia aos caprichos do religioso, mas na perscrutação das profecias para alinhamento delas ao seu devido tempo.

Em geral, entre alguns cristãos, criação e evolução são assuntos antagônicos, mas o estágio de desenvolvimento em que se encontra o homem atual em uma comparação com o homem de cinco mil anos atrás, nada mais é do que um produto da evolução em todos os níveis – biológico, intelectual e religioso. O que se percebe é que admitir o andamento da criação seguida da evolução evoca a discussão – com o advento de Charles Darwin – de que a teoria da evolução elimina a realidade da criação.

Mas diante da ação divina na condução da humanidade, admitimos – mais uma vez – que a evolução é parte do processo da criação, ambas dentro do mesmo princípio, e, dessa forma, não há diferença entre uma e outra. Nesse caso, Darwin e sua evolução, com algumas exceções, apenas maquiou a criação divina. É certo que para os defensores da evolução sem o Fiat Lux, tal condução é inadmissível.

Randal Keynes, tataraneto de Charles Darwin, ao ser questionado se achava positiva a evolução da ciência, respondeu que sim, mas surpreendeu com uma ressalva: "Isso pode até ser perigoso, mas é uma oportunidade enorme para o bem-estar humano". Continuando, o entrevistador perguntou: "Mesmo se isso acabar com a teoria de Darwin?". Ao que Keynes respondeu: "Darwin não se importaria e eu não me importaria se a teoria da evolução fosse declarada errada. O que é importante é o desenvolvimento das ideias, e se uma ciência for declarada errada, terá sido útil no seu tempo..." (Bernardes, 2009, p. 70-71).

Não há ciência errada. Uma proposta científica constatada errada nunca foi ciência. A Bíblia, assegurando ser a evolução uma providência do próprio Criador, mostra que as declarações da ciência nesse sentido são corretas. O que se admite nisso é que os exageros e as opiniões sensacionalistas ficam por conta dos não cientistas.

Os homossexuais estão presentes em todos os meios da sociedade. Somente uma porcentagem muito pequena é vista pelo estereótipo entre os milhões de participantes das passeatas do orgulho gay e outras manifestações isoladas. Já vimos que é grande a quantidade de homossexuais cristãos evangélicos e católicos não identificados em suas igrejas, como se fossem integrantes de um gueto em meio à multidão. Esses cidadãos invisíveis serão uma força incalculável a partir do momento em que se identificarem, acompanhados do reconhecimento e da aceitação incondicionais da sociedade, seja ela religiosa ou secular.

A maior manifestação nessa direção seria a contribuição de cada um, com participações de impactos, não por meio de exibições de poder ou grandeza. Não esconder ao mundo sua homossexualidade é um grande passo propulsor. O juiz de Direito homossexual será como um juiz de Direito heterossexual. O regente da orquestra sinfônica, o gari, o executivo de uma empresa, o conselheiro tutelar, a empresária de sucesso ou o milionário filantropo, todos respeitados da mesma forma que os heterossexuais nos mesmos cargos e funções.

É preciso assumir a honra de ser homossexual. Enquanto houver homossexuais escondidos na multidão, disfarçados de heterossexuais, não haverá liberdade e muito menos respeito. O comportamento do homossexual em constante fuga é uma inconfundível declaração de rejeição a si mesmo, de reprovação ao seu próprio ser.

Se determinados nessa questão (sem perder o foco), em pouco tempo os homossexuais cristãos não necessitarão das passeatas do orgulho gay em forma de protesto, não precisarão mais de submeter à angustiada renúncia de seu próprio ser em busca de aceitação por aqueles que confortavelmente estão sempre alimentando seus conceitos de superioridade. Quando esse futuro chegar, nenhuma organização será apenas de homossexuais para homossexuais, não haverá ambientes públicos exclusivos, como bares, danceterias e encontros religiosos. Homossexuais e heterossexuais estarão juntos. As passeatas gays continuarão, mas como exibição folclórica ou entretenimento. Da mesma maneira – repito – não existirão mais as igrejas cristãs criadas para acolher homossexuais rejeitados em outras. Eles serão benvindos como irmãos em qualquer espaço.

Todos – com certeza – perceberão que o passado tímido e pouco acolhedor foi *relativo* ao comportamento tímido e pouco exigente dos próprios homossexuais cristãos. Porém esse passado, acomodado nos sistemas cultural, educacional e religioso, ainda tem resquícios em muita gente que acredita que somente heterossexuais no poder têm condições de solucionar os problemas homossexuais. Foi falado aqui sobre heterossexuais em favor da causa dos homossexuais, mas isso é exceção.

Os negros sul-africanos mostraram sua força contra a opressão com determinação, tendo o negro Nelson Mandela como líder. A realidade mostra o quanto é improdutível a um grupo em desvantagem esperar que aqueles que, em sua maioria, ao encontrarem-se na plenitude de suas realizações adquiridas, compartilhem o espaço em favor dos que estão de fora. Se os que estão de fora não agirem com determinação em busca de seus direitos, a desigualdade ficará ainda maior.

O momento atual é muito oportuno às ações em direção à realização dos desejos de liberdade. Cada identificação mediante livre declaração causará surpresa de grande relevância, pois muitos homens e mulheres, que guardam seus segredos sem qualquer suspeita, agregarão honra à causa homossexual quando se abrirem.

Na noite de 23 de setembro de 2016, um grupo de mães defensoras dos direitos dos filhos homossexuais afirmou em entrevista ao *Globo Repórter*: "Para a conquista desses direitos já há um aliado muito forte, uma vez que acima dos 14% de todos os gays do Brasil estão também envolvidos os familiares de cada um". Esse grupo não homossexual em defesa dos filhos homossexuais é muito importante, pois demonstra a compreensão de muitos pais que de alguma maneira estão aliados à causa.

Os homossexuais cristãos, em proveito justo da religião em simbiose com a ciência – não há ciência sem religião (relembrando Einstein) – terão nessas duas forças, aliados muitos poderosos. A ciência tem sido a maior processadora do andamento da evolução – visto que tal processo é a continuidade do Fiat Lux –, início da criação divina. Antes, a evolução científica era processada de forma natural, porém, de acordo com a profecia de sua multiplicação (Gênesis 1:28 e Daniel 12:4; Versão Almeida, 1982), está-se cumprindo de forma assombrosa, visto que em menos de dois séculos o ápice da velocidade e da logística ainda era calcula nos parâmetros de quatro patas ou a vela.

Nos últimos tempos, a longevidade do homem tem como principais responsáveis os avanços da ciência da medicina. Essa longevidade expõe o nível do despreparo da sociedade em relação a essa realidade, com o desespero causado pela desproporção das aposentadorias em quase todos os países, por exemplo. Além disso, o planeta já está ficando pequeno para acomodar as ambições humanas. Resta agora o espaço para novas conquistas, não apenas como curiosidade ou à procura de outras vidas, mas para começar a mudança da Terra para outro local.

Na década de 1960, a ciência espacial possibilitou um passeio humano na Lua e a solidão cósmica pareceu arrefecer dadas as possibilidades de conquistas mais ambiciosas e as chances de encontrar parceiros além-Terra. Diante disso, o Dr. Wernher von Braun, cérebro dos foguetes Apolo, que levaram os americanos à Lua, previu para 1982 a descida do homem, dessa vez em Marte. Já estamos vivendo o século XXI e somente algumas sondas e aparatos bisbilhoteiros não tripulados (*pathfinder*) chegaram até lá, não por falta de ciência ou tecnologia, apenas por um adiamento no cronograma, já que não há sinais de vida por lá.

Nesse caso, não sendo ainda provada a existência de vidas inteligentes em outros mundos, os humanos identificam-se sozinhos no espaço, com poderes absolutos para interagir nos segmentos do Cosmo junto ao Criador. Enquanto ocupar o planeta Terra – e possivelmente, num futuro próximo, outros espaços – terão o poder de melhorá-lo para a vida de acordo com os padrões humanos, sem preconceitos, sem intolerâncias e sem agressividades —, ou eliminá-lo para sempre.[26]

---

[26] Muitas profecias da Bíblia já foram cumpridas, como a do fim da Babilônia (Isaías 13:19-22) e as profecias do nascimento de Cristo já mencionadas, mas ainda há inúmeras não cumpridas devido à plenitude ou à evolução necessária a esse cumprimento, ou seja: o tempo determinado não chegou. Um sinal de que muitas profecias foram preparadas para serem cumpridas em épocas bem à frente está nas palavras de Moisés quando ele fez uma advertência excepcionalmente em pleno relato da criação em Gênesis 1, 28: "Frutificai-vos, e enchei a terra, e sujeitai-a; dominai sobre os peixes do mar, e as aves dos céus e sobre todo o animal que se move sobre a terra". Para o bom andamento dessas sete ordens beneficiárias, seis dependem de uma: "Sujeitai a terra". Tudo trans-

Essa morfologia processada pelo avanço da ciência em conformidade com o entendimento religioso em direção às melhorias do bem-estar da humanidade poderá desfazer as barreiras do preconceito contra os homossexuais. O otimismo aqui é o resultado do que se vê a favor disso, não sendo de maneira alguma a manifestação de um espírito utópico. As provas desse avanço verificam-se em comparação a uma atitude muito importante no Ocidente.

Na Renascença, a proporcionalidade homossexual na sociedade não era diferente dos dias atuais. Em toda a manifestação da arte, ciência e religiosidade havia a presença de homossexuais, porém a homossexualidade era desvalorizada, execrada. Era o lado desprezível do ser no ambiente religioso. Os homossexuais, no entanto, não toleravam esse comportamento da sociedade cristã. A revolta manifestava-se nas produções artísticas sagradas, como no Juízo Final, na Capela Sistina. Uma profusão de belos esculpidos em mármore Carrara, encabeçada pelo imponente Davi de Michelangelo, exibiu todo o âmago da personalidade do seu criador sem segredos e sem temor. Assim foi com Da Vince, Rafael, Botticelli, Shakespeare e tantos outros[27]. Todos destacaram seus sentimentos homossexuais em suas mais expressivas formas de artes e devoção, numa demonstração de que tais realizações precisam ter o mesmo valor das realizações dos heterossexuais. Qualquer produção originada por um homossexual não é mais importante do que o seu criador (autor) por ser um homossexual, quando membros do clero católico execrava Michelangelo e Leonardo Da Vince como pessoa, no entanto contratava esses artistas para execução da arte religiosa a exaustão.

---

corria muito bem desde a criação, até a Revolução Industrial, no século XIX, quando o ambiente necessário para o cumprimento dessa advertência profética seria propício. A evolução das ideias com a automação mecânica movida a combustíveis fósseis (sobretudo automóveis), agroindústria, plásticos, agrotóxicos e fármacos, está tudo previsto nos benefícios dados por Deus caso não houvesse exagero e desrespeito ao prenúncio "sujeitai a terra", que não deixa de ser um dos sete benefícios. Contrariando a filosofia de Spinoza sobre a não interferência de Deus nos desejos humanos está o *efeito estufa*, cobrando alto preço pelo pecado dessa desobediência com tornados desconhecidos, enchentes surpreendentes, aumento de temperaturas, derretimento das geleiras, mares ocupando comunidades inteiras etc. Isto é, olhar para essa profecia é tudo que o homem precisa para acalmar o efeito estufa.

[27] Alguns observadores europeus classificam esse comportamento entre os maiores artistas da Renascença como sendo uma manifestação tendenciosa de "Antropocentrismo contra teocentrismo" (Revista Super Interessante Especial de Portugal - 12/2017 – Zinet Media Global, S.L – Madrid). Nossa opinião não é totalmente oposta ao tema, porém baseia-se no fato de essa arte ter sido destacada por homossexuais numa época em que eram excessivamente solicitados para execuções de ordem sagrada, ao mesmo tempo em que eram muito reprimidos devido aos, seus sentimentos. Várias foram as formas de intolerância a muitos artistas homossexuais da Renascença sendo Leonardo Da Vince levado aos tribunais e Michelangelo ameaçado por um adulador de papas conhecido por Biaggio da Cesena, com suas críticas recheadas de preconceitos. A retaliação dos homossexuais aos seus algozes manifestou-se na arte, causando grande incômodo, verificado ainda hoje como mostra a revista portuguesa.

Vendo os valores impostos entre o homossexual e seus feitos na sociedade renascentista, hoje é verificado desfazendo-se diante da realidade de que temos visto e não numa ilusão. Atualmente os homossexuais são mais respeitados pela igreja católica verificadas nas notícias sobre a luta do Papa Francisco em favor das benções direcionadas aos homossexuais atuais. São mostras do rompimento das barreiras criadas pelo preconceito, principalmente entre os religiosos. A expressão da ciência – maior no Ocidente –, assim como na opinião de parte do clero liderada pelo Papa Francisco admitindo não haver cura gay, dão os sinais do fim dessa obscuridade.

9
UNIÕES HOMOAFETIVAS ENTRE CRISTÃOS

O reconhecimento jurídico das uniões homoafetivas em 2011, no Brasil – apesar de que já vem acontecendo há séculos casais vivendo juntos, separando-se somente pela morte – faz parte da chegada do futuro do homossexual cristão praticante.

Para a maioria dos cristãos devotos arrolados em uma instituição religiosa, a união homoafetiva não é aceita, ficando alguns casos conhecidos, porém tratados com indiferença. Mas a chegada desse futuro não se resume apenas em reconhecimento e oficialização de tais uniões pela lei. O melhor está em receber as bênçãos da sociedade, sobretudo dos religiosos.

Ainda há muitos países que nem cogitam tal lei e não aceitam tais práticas. Nos países da União Europeia – começando pela Holanda – e em alguns países da América, já não há tantos problemas. As maiores barreiras ainda estão entre alguns religiosos cristãos, não importando se nas regiões mais desenvolvidas ou não.

Mesmo com as dificuldades apresentadas em algumas igrejas, as uniões civis oficiais não devem ser entraves maiores para os homossexuais cristãos convictos. Como já dito anteriormente, o que vem em primeiro lugar na vida do homossexual cristão religioso é a devoção a Deus. Se a união, oficializada pela lei ou não, parar nas barreiras do regulamento interno da igreja, o culto pessoal do homossexual em relação a Deus pode ficar prejudicado, pois acabam acontecendo injúrias por parte de alguns membros.

Para que o homossexual enfrente o desconforto e as barreiras do preconceito, ou se ele for proibido de frequentar os cultos, já vimos que há alternativas em outras igrejas menos intolerantes. Há Igrejas Batistas que não aceitam homossexuais, ao passo que outras da mesma Convenção aceitam-nos por serem democraticamente independentes. Da mesma forma, algumas igrejas, apesar de não serem independentes, têm-se mostrado flexíveis. Nesse caso, essas opções são destinadas aos cristãos em busca de alternativas, que nasceram ou se converteram nas igrejas fundamentalistas, pois já vimos que há igrejas edificadas nesses últimos tempos unicamente para o acolhimento de homossexuais empenhados na religião, com liberdade para prestar culto sem problemas de rejeição.

A homossexualidade sem a união homoafetiva é insustentável. Aceitar o homossexual numa comunidade religiosa imaginando-o sozinho até a morte não faz sentido algum, pois a homossexualidade completa-se na união de um ser com outro do mesmo sexo. Quaisquer avanços religiosos na aceitação do homossexual no quadro de membros da congregação deve incluir também o estabelecimento da união afetiva entre dois seres do mesmo sexo. Caso contrário, tudo ficará como antes: a insistente intolerância.

Esse processo também é muito importante para a maioria dos homossexuais que deseja crescer no meio social. As estabilidades profissional e financeira, com a aquisição de bens e a criação de filhos, pode ser uma realidade quando da formação de um casal sob o mesmo teto. Isso não quer dizer que a vida de solteiro é desaconselhada, mas a convivência a dois garante mais segurança no futuro e os cristãos religiosos não podem ficar fora desse privilégio.

Há vários motivos para um homossexual evitar a vida solitária. O rei Salomão, em um discurso direcionado aos benefícios do companheirismo, aconselhou o seguinte:

> Melhor é serem dois do que um, porque tem melhor paga do seu trabalho. Porque se um cair, o outro levanta o seu companheiro; mas ai do que estiver só, pois, caindo não haverá outro que o levante. Também, se dois dormirem juntos, eles se aquentarão; mas um só como se aquentará? (Eclesiastes 4:9-11; Versão Almeida, 1982, p. 641).

O conselho dado a dois companheiros adultos que ao dormirem juntos aquentarão um ao outro é impraticável dentro do comportamento heterossexual, principalmente entre dois homens. Por isso entendemos ser um bom conselho – e bíblico – para homossexuais. Por meio dessas recomendações sagradas vemos que um ser humano sem uma companhia pode ficar vulnerável a muitos males.

Os psicólogos e médicos afirmam que um homem ou uma mulher sozinho/a vive menos. Quando unidos, o cuidado de um com o outro mantém a autoestima, além dos benefícios da ajuda mútua – como recomendado por Salomão –, e isso faz muito bem às saúdes mental e física, sendo favorável à longevidade. Envolver-se com vários parceiros, às vezes desconhecidos, é bastante comum entre os solteiros, e muitas vezes tem-se transformado em encontros fatais, pois eles ficam vulneráveis a pessoas mal-intencionadas, como oportunistas, ladrões e assassinos.

O número de homossexuais masculinos mortos nessas condições é muito alto. Várias dessas mortes dão-se por preconceituosos, mas grande parte é por latrocínio. Um homossexual em busca de parceiros furtivos, desconhecidos, é um candidato fácil a figurar numa lista de tragédias, apenas por receber uma pessoa de má índole, sem acolhimento sentimental.

A lei a favor da união entre homossexuais, encarada de forma negativa pela maioria dos evangélicos, um dia será abençoada por todos. Como muitas leis recentes, sempre há resistências – ainda mais quando se trata de homossexualidade –, mas com certeza ela será normalizada se os homossexuais cristãos fizerem a sua parte. A manutenção da determinação contribuirá continuamente em favor do caráter de qualquer cidadão ou cidadã em busca dos seus direitos, não permitindo que haja dúvidas em sua reputação.

Como enfatizou a jornalista Miriam Leitão (1997): não faz muito tempo em que a regulamentação do divórcio enfrentou essas mesmas barreiras religiosas. Se houver dúvidas à reputação de um homossexual cristão por parte de um líder religioso, levando a danos morais, o injuriado tem todo o direito de procurar a Justiça, contudo a minha opinião particular é que o melhor é que essa situação seja resolvida com parcimônia dentro da própria igreja, defendendo-se com base na Bíblia junto ao intolerante e a toda a congregação. Isso não significa que apoio a passividade do homossexual prejudicado – mas determinado na defesa de sua postura sentimental –, diante da intolerância. Ponderações devem ser revistas quando consideração e respeito são confundidos com ingenuidade.

Alguns líderes religiosos intolerantes comportam-se excessivamente arrogantes com atitudes contrárias aos princípios da religião cristã, enxergando na igreja que dirigem uma instituição com pré-requisitos de uma sociedade restrita, semelhante a uma organização de grupos reacionários. Soma-se, ainda, o fato de que a maioria dos intolerantes a homossexuais é composta de misóginos, que mantêm um casamento estressante apenas em "obediência" às regras culturais. Inúmeras mulheres, inclusive esposas de pastores, passam por momentos conturbados e ainda são obrigadas a ouvir críticas do esposo constantemente aborrecido, sem motivos.

Nas igrejas de líderes intolerantes, é comum os púlpitos serem transformados em tribunas e, em meio às pregações, serem feitas ameaças como consequências de problemas domésticos, embutidas nas mensagens, em forma de recados direcionados a familiares, esposas e homossexuais.

A liberdade do homossexual crente é inviolável, inclusive por parte de seu líder religioso, que não pode prejudicá-lo de que forma for. Vale aqui relembrar Davi e seu líder, o rei Saul. Anteriormente, vimos que Saul foi um rei ungido pelo profeta Samuel, mas apesar dessa excelente causa – foi o primeiro rei de Israel –, deu péssimos exemplos, não se livrando da inveja, da incredulidade e do desrespeito ao próximo. De início, Davi era protegido por Saul, mas, depois, transtornado pela inveja, resolveu destruí-lo com suas próprias mãos.

O sucesso de Davi nas batalhas era a causa da inveja de Saul. Se quando da sua pouca idade conseguiu vencer um gigante, quando crescido e bem mais experiente teria estratégia de captura tão eficiente que conseguiria alcançar um comando militar inimigo sem que os milhares de sentinelas percebessem. Jônatas, filho de Saul, por seus sentimentos por Davi, ajudava-o contra o seu próprio pai, exercendo uma perigosa traição.

Mesmo com Jônatas vigiado por seu pai Saul, em duas vezes Davi foi vitorioso quando Saul e seus soldados tentaram matá-lo. A primeira vez, ao alimentar-se mal durante uma de suas perseguições, atordoado e com fortes dores estomacais, sem perceber entrou na mesma caverna em que Davi e seus olheiros estavam, estrategicamente acomodados bem mais ao fundo. Ao tentar-se recompor, seguro da proteção de seus guardas, acomodou-se num sono profundo.

Mas Davi não se valeu dessa imprudência do rei para eliminá-lo. Apenas cortou um pedaço de seu manto para provar que apesar de ser capaz de se vingar, não o faria em respeito a um rei escolhido para governar um povo. Depois que Saul saiu da caverna, Davi gritou e avisou o que havia feito, e ainda disse que não o feriria em respeito à sua posição de ungido.

Em outra oportunidade, mais uma vez Davi chegou à presença de Saul enquanto ele dormia, sem ser percebido, e pegou sua lança e um depósito de água potável. E outra vez, de longe gritou para Saul, avisando que tinha levado alguns de seus pertences, mas que de novo não o maltratara em respeito à sua condição de rei de Israel. (1º Samuel: 24 e 26).

Quanto aos sonos profundos do poderoso rei, nenhum problema haveria nisso diante do efetivo de três mil soldados especializados na mais moderna estrutura bélica da época ao seu lado, se não fosse Davi o alvo do combate. Muito conhecedor das estratégias do rei e de seus guerreiros, com certeza Davi não acabou com a vida de Saul para manter seus compromissos devocionais perante Deus.

Depois desses episódios, não demorou muito e o rei Saul, foi morto numa emboscada armada pelos filisteus, conterrâneos do avantajado Golias. Ao livrar-se das loucuras do rei, Davi fugiu de uma oportunidade maldita de ter eliminado um inimigo incompetente, invejoso e irresponsável.

Da mesma forma, em um ambiente religioso, o homossexual crente que por algum motivo for injuriado, perseguido por seu líder ou membro da igreja, apesar da lei a seu favor, os recursos racionais, menos contundentes, exercidos pelo homossexual, eliminam o protagonismo negativo. Defender-se de um intolerante – mesmo dentro de uma igreja cristã –, exige paciência, resignação e ininterrupta conexão com o Eterno.

Novos dias estão à vista. Dias de grandes facilidades de entendimento, que eliminarão muitas disputas de adoradores a Deus contra adoradores a Deus devido a diferenças sentimentais. Com esses bons tempos impondo-se, certamente a insistente polêmica negativa relacionada à homossexualidade findará.

O conhecimento geral entre os líderes religiosos – principalmente a compreensão da ética de Cristo – iluminará a todos, tornando a homossexualidade perfeitamente acolhida, como foi com Cristo em sua época, ao romper o preconceito dos judeus contra as diferenças entre samaritanos e gentios banidos da sociedade e do convívio religioso.

Já é perceptível o limiar do momento em que o homossexual estará inserido no cotidiano da mesma forma que o irmão heterossexual. Ambos caminharão juntos e naturalmente, numa simbiose indissolúvel para a manutenção do equilíbrio da vida. Porém é preciso insistir que na defesa dessa virtude, quem precisa estar à frente da questão homossexual em busca da compreensão ainda são os próprios homossexuais, com maior engajamento junto aos demais irmãos, cristãos religiosos.

O equilíbrio numérico entre homossexuais e heterossexuais é uma realidade desde épocas imemoráveis, mas a perseguição à homossexualidade é responsável pela não mensuração de quase a metade dos homossexuais, que vivem escondidos, no anonimato, camuflados como heterossexuais. Mas as estatísticas são outras, pois sabemos que pesquisas a esse respeito, por melhores que sejam, não correspondem à verdade.

Pessoas desmoralizadas, acusadas de reputação duvidosa, de depravadas, inconfiáveis e contra a natureza por serem homossexuais, omitem sua condição em uma tentativa de livrarem-se das humilhações. Aparentemente, segundo pesquisas citadas aqui, quando tudo estiver em perfeita ordem – quando o estigma for desfeito e todos saírem do anonimato –, a mensuração correta dos gêneros no Ocidente cristão estará próxima dos ⅔ (dois terços) para heterossexuais e ⅓ para homossexuais, ou seja: ⅓ de mulheres heterossexuais, ⅓ de homens heterossexuais e ⅓ de homens e mulheres homossexuais. Essa estatística não é novidade entre os homossexuais, principalmente pelos milhares ainda no anonimato.

    E a homossexualidade seguirá em paz sob as bênçãos da ética de Cristo e confirmação de sua realidade pela ciência. Condição sexual necessária ao bem do planeta, não por um capricho particular de grande parte de seres humanos, mas em conformidade com o ordenamento incontestável e intransponível do Universo.

REFERÊNCIAS

ALIGHIERI, Dante. **A divina comédia**. Rio de Janeiro: Gráfica Editora Aurora, 1947.

ALMEIDA, João Ferreira de. **Versão da Bíblia para a** língua portuguesa. 54ª impressão. Rio de Janeiro: Casa Publicadora Batista, 1982.

ANDRADE, Claudionor Corrêa de. **Há esperança para os homossexuais!** Rio de Janeiro: CPAD, 1987.

ANKERBERG, John; WELDON, John. **Os fatos sobre a homossexualidade**: Editora: Obra Missionária Chamada da Meia-Noite. Porto Alegre, 1977.

ARSUAGA, Juan Luis. **O colar do neandertal**. São Paulo: Globo S.A., 2005.

ASIMOV, Isaac. **Conquistas da ciência**. 2. ed. Rio de Janeiro: Record, 1967.

BERNARDES, Erik. **Revista Galileu**, São Paulo, n. 2.181, p. 70-71 set. 2009.

BETTENSON, Henry P. **Documentos da Igreja Cristã**. Rio de Janeiro: Junta de Educação Religiosa e Publicações da Convenção Batista Brasileira (Juerp), 1983.

BÍBLIA DE JERUSALÉM. 17º impressão. São Paulo: Paulus, 2017.

BOISSET, Jean. **História do protestantismo**. São Paulo: Difusão Europeia do Livro, 1971.

CAMPOS, Breno Martins. **Novas perspectivas sobre o protestantismo brasileiro**. São Paulo: Edições Paulinas, 2009.

CARPEAUX, Otto Maria. **Uma nova história da música**. 2. ed. Rio de Janeiro: Tecnoprint, 1958.

CASTRO, Vander de. **Os supergays da história**. Revista Manchete Rio de Janeiro, n. 2.231, p. 67, jan. 1995.

CHENEY, Sheldon. **História da Arte**. vol. III. 1. ed. São Paulo: Rideel, 1995.

CHENU, Marie-Dominique. A teologia das realidades terrestres. *In*: MONDIN, Battista Mondin. **Os grandes teólogos do século vinte**. v. 1. São Paulo: Edições Paulinas, 1979.

CHAUÍ, Marilena de Souza. **Repressão sexual**. 12. ed. São Paulo: Brasiliense, 1991.

CLARK, David S. **Compêndio de teologia sistemática**. Recife: Casa Editora Presbiteriana, entre 1970 e 1987.

CLARKE, Adam. **Comentario de la Santa Biblia**. Missouri: Casa Nazarena de Publicaciones, 1974.

DESCARTES, René. **Princípios da filosofia**. São Paulo: Hemos Livraria e Editora, 1968.

EINAUDI, Sílvia. **Museu egípcio**: Cairo. Rio de Janeiro: Mediafashon, 2009.

FERNANDES, Carlos. **Revista Cristianismo Hoje**, São Paulo, ed. 48, n. 8, p. 15, (entre 2009 e 2020).

FERREIRA, João Cesário Leonel – **Novas Perspectivas sobre o protestantismo no Brasil**, Edições Paulinas, São Paulo 2009.

GOMES, Verônica. **Revista de História**, Rio de Janeiro, ano 10, n. 119, p. 13 ago. 2015.

GRAHAM, Billy. **A dinâmica do novo homem**. *In*: GRAHAM, Billy. Mundo em chamas. Rio de Janeiro: Record, s/data.

HALLEY, Henry H. **Manual b**íblico. São Paulo: Sociedade Religiosa Edições Nova Vida, 1984.

HAWKING, Stephen William. **Uma breve história do tempo**. 30. ed. Rio de Janeiro: Rocco, 2000.

HENDEL, Ronald S. **Para compreender os manuscritos do Mar Morto**. Rio de Janeiro: Imago, 1993.

HILTON, Bruce. **A homofobia tem cura?** Rio de Janeiro: Ediouro, 1992.

JAMMER, Max. **Einstein e a religião**. Rio de Janeiro: Contratempo, 2000.

JERÔNIMO. **Bíblia Sagrada** – Versão Portuguesa da Vulgata Sixto-Clementina. 14. ed. São Paulo: Edições Paulinas, 1986.

JOSEFO, Flávio. **História dos hebreus**. Rio de Janeiro: Cpad, 2011.

KANT, Immanuel. **A religião nos limites da simples razão**. 2. ed. São Paulo: Escala, 2008.

KANT, Immanuel. **Crítica da razão pura**. São Paulo, Martin Claret, 2001.

KEHL, Maria Rita. **Revista de História**, Rio de Janeiro, n. 119, p. 39, 2015.

KING, James. **Versão britânica da Bíblia Sagrada** – Conformable to the Edition of 1611. Ohio: The World Publishing Company, 1986.

KIRKWOOD, Thomas. **Por que mulheres vivem mais**. Revista Scientific American, São Paulo, n. 167, p. 71, 14 abr. 2016.

LABORIT, Henri. **Deus não joga dados**. 1. ed. São Paulo: Trajetória Cultural, 1988.

LACOMBE, Mille. **Famílias partidas**. Revista Galileu, São Paulo, n. 281, p. 62 dez. 2014.

LANCASTER, Brian. **Elementos do judaísmo**. Rio de Janeiro: Ediouro, 1995.

LANGSTON, A. B. **Esboço de teologia sistemática**. 8. ed. Rio de Janeiro: Junta de Educação Religiosa e Publicações da Convenção Batista Brasileira (Juerp), 1986.

LASSO, Pablo. **Homossexualidade**: ciência e consciência. 3. ed. São Paulo: Edições Loyola, 1998.

LEITÃO, Míriam. Jornal O Globo de 3 de janeiro de 1997. *In*: VINDE **A Revista Gospel do Brasil**, São Paulo, ano III, n. 27, p. 45, jan. 1998.

LEVI, Eliphas. **As origens da cabala**. São Paulo: Pensamento, (s/data).

LIMA. Adelino de Figueiredo. **Nos bastidores do mistério**. Rio de Janeiro: Gráfica Editora Aurora, 1953.

LIMA, Delcyr de Souza. **Ultimato**, Viçosa, ano XII, n. 121, p. 24, jul. 1979.

LOBATO, Monteiro. **O presidente negro**. 12. ed. São Paulo: Brasiliense, 1964.

LOMMEL, Andreas. **A arte pré-histórica e primitiva**. 7. ed. Rio de Janeiro: Encyclopaedia Britannica do Brasil Publicações Ltda., 1979.

LOUREIRO, Gabriela. **Revista Galileu**, São Paulo, n. 282, p. 43, jan. 2015.

MAGNAVITA, Alexey Dodsworth. **Revista Filosofia – Ciência & Vida**, São Paulo, n. 22, p. 17, (entre 2007 e 2017).

MENDES, Paulo. **Noções de hebraico bíblico**. 1. ed. São Paulo: Sociedade Religiosa Edições Nova Vida, 1981.

MONDIN, Battista. **Os grandes teólogos do século vinte**. v. 1. São Paulo: Edições Paulinas, 1979.

MONDIN, Battista. **Os grandes teólogos do século vinte**. v. 2. São Paulo: Edições Paulinas, 1987.

MOREIRA, Filipe (coordenador) – Revista Super Interessante Especial de Portugal – 12/2017 – Zinet Media Global, S.L. Madrid.

MÜNDLEIN, Eva. **Histórias de Mulheres da Bíblia**. São Paulo: Sociedade Bíblica do Brasil, 2010.

NAYLOR, Robert. **O diácono batista**. Rio de Janeiro: Casa Publicadora Batista, 1956.

NIETZSCHE, Friedrich. **Além do bem e do mal**. 2. ed. São Paulo: Escala, 2007.

NEW INTERNATIONAL Version (NIV) bíblica. Grand Rapids: Zondervan, 2011.

NOGUEIRA, Pablo. **Nova ciência de sexo e gênero**. Revista Scientific American, São Paulo, ano16, n. 177, p. 30, out. 2017.

PEREIRA, Lygia Veiga. **Sequenciaram o Genoma Humano...** 2. ed. São Paulo: Moderna, 2005.

REINA, Casiodoro de. **La Santa Bíblia** – Antígua Version de Casiodoro de Reina. Brasil, Sociedades Bíblicas Unidas, 1960.

RIBEIRO, Bruno. A verdade sobre Israel. **Revista BBC History Especial**, Brasil, Editora Alto Astral, São Paulo, ano 3, n. 3, p. 7, 2016.

RYRIE, Charles C. **Bíblia anotada expandida**. São Paulo: Mundo Cristão, 2008.

SAGAN, Carl. **Encyclopaedia Britânica Publicações Ltda**. v. 20. São Paulo: Rio de Janeiro, 1990.

SANTOS, Luiz Felipe dos. Dossiê. **Revista Super Interessante**, São Paulo, n. 368, p. 26, nov. 2016.

SCHOLZ, Vilson. **Novo testamento interlinear grego-português**. São Paulo: Sociedade Bíblica do Brasil, 2004.

SCHURÉ, Édouard. **Os grandes iniciados** – Moisés. São Paulo; Martins Claret, 1987.

SHANKS, Hershel. **Para compreender os manuscritos do Mar Morto**. Rio de Janeiro: Imago, 1993.

SNAITH, Norman Henry. **Bíblia hebraica (Tora)**. Grã-Bretanha: The British and Foreign Bible Society, 1986.

SPINOZA, Baruch. **Tratado da reforma do entendimento**. São Paulo: Escala, 2007.

STEFANO, Marcos. **Revista Eclésia**, São Paulo, ano 13, n. 136, p. 38, s/data.

THOMPSON, Frank Charles. **Bíblia comentada por Thompson baseado na versão Almeida** – Edição Contemporânea. São Paulo: Vida, 2007.

TILLICH, Paul Johannes. **A teologia da correlação**. *In*: MONDIN, Batista. **Os grandes teólogos do século vinte**. v. 2. 2. ed. São Paulo: Edições Paulinas, 1987.

TRASFERETTI, José Antônio. **Pastoral com homossexuais**. Petrópolis: Vozes, 1999.

VERÍSSIMO, Erico. **Solo de clarineta**. Tomo II. Porto Alegre: Globo, 1980.

VIDAL, Marciano. **Homossexualidade**: ciência e consciência. 3. ed. São Paulo: Edições Loyola, 1998.

VINE, W. E. **Dicionário Vine**. Rio de Janeiro: Vida Melhor; Casa Publicadora das Assembleias de Deus, 2015.

WILDE, Oscar. **De Profundis**. Porto Alegre: L & PM Editores, 1982.

WILSON, Edmund. **Os manuscritos do Mar Morto**. São Paulo: Schwarcz, 1996.

YOURCENAR, Marguerite. **Memórias de Adriano**. 22. ed. Rio de Janeiro: Nova Fronteira, 1980.

YOURCENAR, Marguerite. **De olhos abertos**. Rio de Janeiro: Nova Fronteira, 1983.

ZABATIERO, Júlio Paulo Tavares. Hermenêutica Protestante no Brasil. *In*: FERREIRA, João Castro Leonel *et. Al* (org.). **Novas perspectivas sobre o protestantismo brasileiro**. São Paulo: Edições Paulinas, 2009.

ÍNDICE REMISSIVO

A

Abel 94
Abraão 23, 31, 34, 47, 54, 55, 81, 103
Abuso sexual 47
Adão 21, 22, 32, 33, 48, 82, 96
Afogamento 47, 72
África 32, 123
África do Sul 123
Afrodite 59
Agressividade 120
América 137
Amsterdam 33
Anão 57, 113
Anjo 64
Antediluvianos 49, 72
Antropocentrismo 134
Apologia 26, 96
Aposentadorias 133
A Religião nos Limites da Simples Razão 99
Areópago 49
Aristóteles 121
Arqueologia 28
Ásia 103
Aspenaz 112
Associação Psiquiátrica Americana 119
Atenas 48
Azarias 112

B

Babilônia 82, 112, 113, 133
Balneário 72
Barnabé 74
Belém Efrata 35
Bezerro de Ouro 31
Biblioteca 24, 28
Bichona 124
Big Bang 21, 28-30, 38, 98
Brasil 29, 103, 113, 117, 119, 122, 123, 132, 137
Buracos Negros 21

C

Cães 86
Cabala 106
Cafarnaum 42, 67
Caim 94
Calabouço 76
Candeeiro 106
Capela Cistina 115
Carrasco 58
Cavernas 31
China 113
Cilícia 103
Clero 84, 111, 115, 134, 135
Clichê 69
Comunidade Acadêmica 106
Comunidade Científica 22
Copérnico 23, 24
Corinto 42, 59, 62, 74-78, 84, 129, 130
Cosmogonia 23, 127

Criança de vidro 91
Crimes passionais   87
Crispo   60
Crítica da Razão Prática   40
Crítica da Razão Pura   25, 27, 40, 41
Crítica do Juízo   40
Culinária   62
Culto Pagão   53
Cura Gay   90, 135
Czares   91

D

Dalila   49
Damasco 73
Dante   69
Davi   28, 38, 39, 48, 63-66, 78, 79, 86, 87, 94-96, 98, 99, 134, 140, 141
Delcyr de Souza Lima   101, 107
Deserto   22, 31, 45, 57, 62, 77, 80, 81, 118, 126
Déspotas 60, 127
Dez Mandamentos   45, 83
Diácono   103
Diáspora 61, 101
Dilúvio   44, 47-49, 51, 62, 76, 82
Divórcio 83, 84, 139
Dízimo   58, 80
DNA   14, 32

E

Éden   15, 21, 82, 88
Efeito estufa   37, 134
Egito   21, 22, 28, 31, 34, 62, 80, 81, 83, 110, 112

Égua 66
Eilat 72
Ejaculação 81
Elimas 74
Eloah 34
Elohim 34-36
Encyclopaedia Britânica 18
Enxofre 51, 56
Enzimas 20
Epícuro 40
Epilepsia 61
Episcopado feminino 84
Eras geológicas 25, 30
Eros 64
Espinho na carne 61
Esposas de Ló 56
Essênios 62
Estátua de sal 56
Estéril 81
Estevão 104
Eunucos 14, 15, 57, 76, 82, 83, 86, 89, 111-113
Europa 23, 81, 113
Eva 82
Expansão do Universo 18, 21, 25, 29, 30

F

Fábulas 22
Fanatismo 21, 71
Fausta 60
Fenícia 48
Filemom 75, 76

Filhas de Ló   70
Flechas   48
Fornicador   52
Fossa tectônica   72
França   83

G

Gafanhotos   126
Galáxias   17, 18, 30
Galileia   61, 67, 125
Galileu Galilei   22
Gata   66
Gay   64, 90, 114, 131, 135
Gaysão   124
Gene   85, 86
Genros de Ló   70
Globo Repórter   119, 132
Glutão   78, 127
Goiás   122
Golias   49, 63, 141
Gravidade   29

H

Hanseníase   61, 118
Hinário Salmos e Hinos   123
História da Arte   116
Holanda   33, 137
Homo sapiens   22
Homofobia   66, 84
Hotel Lot   72

I

Igreja Batista do Pinheiro 122
Igrejas Batistas 137
Igreja Evangélica Hillsong 117
Igrejas Protestantes Históricas 118
Imperadores Romanos 60, 109
Império Romano 44, 59
Impuros 53, 67
Incesto 70
Índios 82
Inglaterra 69, 115
Isaque 31
Israel 32, 34-36, 48, 59, 60, 63-66, 80-83, 103, 118, 120, 140

J

Jacó 31, 112
Jambres 76
Jazida de sal 56
Jejum 45, 80
Jerônimo 51, 69
Jerusalém 27, 30, 35, 52, 64-66, 72, 82, 113
João 40, 52, 69, 90, 109, 126, 127
Jônatas 63-65, 140
Jordânia 48
Josué 56
Judá 35, 53
Jugo 42, 94
Juízo Final 115, 134
Jumento 35

K

King James   69, 70, 115

L

Lago salgado   72
Lança   64, 140
Lenda   31, 127
Licídio   60
Lírios do Campo 125
Ló   47, 49, 51, 54-56, 66, 68, 70
Losna (Artemísia absinthium)   19
Lua   30, 133
Luiz XV   83

M

Maceió   122
Madrid   134
Malária   61
Manaus   82
Mar da Galileia   67
Marquês de Queensberry   125
Massada   72
Mel de abelhas   126
Memórias de Adriano   121
Mesopotâmia   34, 113
Mimetismo   86
Misael   112
Misogamia   61
Misóginos   139
Mito   28, 31, 39, 48, 71, 127

Moisés   14, 20-25, 28-36, 38, 41, 42, 48, 53, 56, 57, 60, 62, 76, 77, 89, 103, 110, 133
Monte Carmelo   32
Monte Sinai   21
Mórmons   123
Mosteiro 28
Mulher de Ló   55
Muro das Lamentações   27, 28
Museu de Munique   116
Musicoterapia   64

N

Nabucodonosor   113
Nazaré   32, 125
Nazismo 103
Neandertal   22
Negacionismo   127
Nero   59, 74
Nínive   71
Noé   47, 51, 62, 72, 82
Nova York   117

O

O Anticristo   26
Ocidente 126, 134, 135, 142
Ondas gravitacionais   21, 22, 24
Onésimo 75, 76
Opção sexual   90
Orientação sexual   90, 112
Oriente   32, 55, 126
Oriente Médio   32, 55

P

Pafos   74
Panteão dos deuses   48
Pecado original   63
Pentateuco   15, 25, 44, 48, 76, 77
Petróleo   56
Planeta Terra   133
Pó da terra   21
Portugal   55, 134
Potifar   112
Prêmio Jabuti   79
Presbiterianos   123
Princeton Seminary   69, 70
Proselitismo   103
Psicanálise   16, 79, 85
Púlpito   118

Q

Qafzeh   32
Quântica   28
Queimados vivos   55, 70
Quilombo   31
Qumran   28, 48, 63, 72

R

Rapazes escandalosos   52, 53, 67
Revelação   20, 22-25, 28, 29, 31, 36, 64, 106
Revolução Industrial   134
Rio de Janeiro   122
Rio Jordão   56

Roma   46, 59, 61, 62, 74-78, 84, 129
Rússia   91

S

Salomão   23, 64, 66, 83, 138
Sansão   49
Santa Ceia   115
Santa Inquisição   55
Sapatão   124
Sargão   71
Saul   63-65, 94, 140, 141
Saulo   73, 74
Segundo Templo 27
Selá   53
Self   67, 76
Seneb   112, 113
Sergio Paulo   74
Sermão do Monte   80
Sinagoga 22, 33, 103, 104
Síria   48
Skhul   32
Sol   29, 30, 41
Solidão   22, 97, 120, 133
Solidão cósmica   133
Sublimação   115

T

Tabernáculo   118
Tales de Mileto   40
Tamar   51, 53
Tarso   73

Teocentrismo   134
Terra Prometida 49, 62, 80, 81
Terra Santa   61
Tetragrama   35
Tiranos 59, 127
Torá   33
Trilogia 27, 40
Trôade 76
Turquia 73
Tutela 64

U

Ugarit 48
Uma Nova História da Música   116
União Europeia 137
Universidade do Arizona   32
Útero 89

V

Via Láctea   18
Vinho   14, 125-127